PAUL DUVERT

PAR

ÉLIE BERTHET.

1

PARIS,
PASSARD, LIBRAIRE - ÉDITEUR,
9, RUE DES GRANDS-AUGUSTINS.

1848

PAUL DUVERT.

A LA MÊME LIBRAIRIE.

UN MILLION

DE PLAISANTERIES

Calembours, Naïvetés, Jeux de mots, Facéties, Réparties, Saillies, Anecdotes comiques et amusantes, inédites ou peu connues

RECUEILLIES

PAR HILAIRE LE GAI.

> Lecteur, si vous trouvez ici
> Du bon, du mauvais, du passable,
> Vous êtes un juge équitable,
> Et l'auteur vous dit : « Grand merci, »
> Mais si quelqu'un s'écrie : « Ah! fi!
> Tout ce recueil est détestable, »
> L'auteur dit qu'il en a menti.
> (*Merc. de France*, 1753).

Un charmant volume in-32 cavalier de 580 pages. Prix : 2 fr.

SOUS PRESSE.

LE

RESCIF DE MARK

ROMAN MARITIME

PAR

J. FENIMORE COOPER,

SUITE

DE LA TRADUCTION DE DEFAUCOMPRET,

2 vol. in-8. — Prix : 15 fr.

CRÉTÉ, imprimeur à CORBEIL.

PAUL DUVERT

PAR

ÉLIE BERTHET.

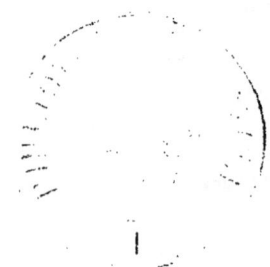

1

PARIS,
PASSARD, LIBRAIRE-ÉDITEUR,
9, RUE DES GRANDS-AUGUSTINS.

1848

CHAPITRE I.

I

Pour prendre une idée exacte de l'aspect général de la Corse, on n'eût pu choisir peut-être un plus bel observatoire que l'endroit sauvage où venaient de faire halte, dans la partie orientale de l'île, à quelques lieues de

Moita, deux voyageurs qui descendaient des montagnes. Cet observatoire était une colline verdoyante, parsemée de quelques oliviers dont le feuillage grêle permettait d'embrasser d'un regard l'immense horizon qui s'étendait à l'entour.

Du côté auquel les voyageurs tournaient le dos, peut-être par une sorte de rancune pour des fatigues récentes, s'élevaient ces montagnes âpres et glacées, qui courent longitudinalement du nord au sud de l'île, et dont l'Oro et le Rotondo sont les points culminants.

Dans ces hautes régions du centre le paysage avait quelque chose de terrible et de solennellement triste. Les cimes couvertes de neige, les forêts sombres de ces sapins que les naturalistes appellent *Pinus altis-*

sima, et qui sont les plus grands arbres de l'Europe, les vallées profondes comme des abîmes, noires, stériles, toujours ravagées par quelque torrent écumeux, formaient contraste avec les pentes plus douces, les vallées larges, aérées et presque riantes, les plantations joyeuses et variées de la région moyenne où s'étaient arrêtés les deux personnages dont nous avons parlé.

Autour d'eux la nature semblait presque bienveillante pour l'homme; on n'apercevait pas encore de trace de culture, cependant il semblait que là s'arrêtât le désert que les hautes montagnes projettent fort loin autour d'elles ; deux ou trois orangers montraient leur touffe arrondie et leurs fruits dorés sur les versants les moins escarpés, à l'abri de quelque rocher; un gazon frais et parsemé de fleurs remplaçait la bruyère sèche des contrées supérieures.

Puis, après avoir suivi les ondulations du terrain qui allait en s'abaissant de plus en plus vers l'est, le regard glissait tout à coup sur de vastes plaines noyées dans un océan de vapeurs, couvertes de marécages et de taillis, derrière lesquelles, dans un lointain grisâtre, on devinait la présence de la mer.

Cependant dans tout ce vaste pays on n'apercevait aucun habitant.

La chaleur était suffocante, et le soleil qui brillait dans tout son éclat était au milieu de sa course, c'est-à-dire, en termes vulgaires, qu'il était environ midi.

Sans doute les paysans corses, peu renommés en tout temps pour leur activité, avaient profité de ce prétexte pour aller faire la sieste dans trois ou quatre masures semées de loin en loin sur le paysage.

Un seul troupeau de brebis noires à quatre et à six cornes broutait le gazon à quelque distance, et semblait livré absolument à ses caprices, pendant que les gardiens et les chiens dormaient à l'ombre des châtaigniers. Enfin, sauf le cri des cigales et le sifflottement des merles dans les genévriers, on n'entendait aucun bruit dans ces lieux solitaires.

Bien que les deux voyageurs fussent en apparence étrangers au pays, le riche panorama qui s'étendait autour d'eux n'avait pas eu le pouvoir de les distraire un moment du projet pour l'exécution duquel ils venaient de faire halte.

Après avoir quitté un sentier escarpé

qu'ils suivaient depuis le matin, ils s'étaient assis sous un de ces châtaigniers séculaires dont l'écorce seule semble soutenir le volumineux feuillage, puis déposant sur le gazon deux gourdes bien remplies et quelques provisions tirées de leurs havre-sacs, ils avaient disposé lestement un repas substantiel et abondant.

C'étaient deux jeunes gens, et malgré leur indifférence pour les beautés de la nature, on jugeait à leurs costumes qu'ils appartenaient à une classe assez élevée de la société.

L'un d'eux, pour qui le fumet d'un jambonneau étalé sur l'herbe dans une double feuille de papier, semblait avoir moins de charmes que pour son compagnon, était un petit jeune homme frêle, délicat, qui, n'eût été l'imperceptible moustache brune de sa lèvre supérieure, eût pu passer pour un enfant. Ses cheveux, bien qu'une longue marche eût dû en altérer la symétrie, s'échappaient encore en boucles unies et soignées de dessous une légère casquette en crinoline de forme toute moderne; d'élégantes lunettes d'acier voilaient l'expression vague et peu hardie de ses yeux bleus. Sa taille était mince, élancée; on eût dit d'un de ces adolescents damerets, pour qui l'air libre a trop d'oxygène et la lumière du soleil trop d'éclat, une de ces créatures timides et faibles à qui l'action et le mouvement sont interdits par leur propre nature, et à qui il ne reste pour dépenser leur activité intérieure que l'étude ou le travail du cabinet.

Quelles que fussent les circonstances qui

avaient amené cet inconnu dans ce pays sauvage, à coup sûr elles avaient heurté tous ses goûts de tranquille citadin.

Le reste de son costume trahissait des habitudes d'élégance peu en harmonie avec ses besoins présents. Ses bottes vernies lui avaient été d'un faible secours sur les rochers de la Corse, malgré les guêtres soigneusement bouclées qui les avaient protégées pendant la marche. Le charmant paletot d'été qui serrait sa taille, bien qu'il attestât la coupe savante d'Humann, avait dû le garantir fort mal le matin contre le vent froid des montagnes. Enfin, il semblait que le poids du carnier tout neuf qu'il avait porté sur ses épaules, eût excédé ses forces, car en arrivant au lieu de la halte, il s'en était débarrassé avec effort et s'était laissé tomber sur l'herbe, épuisé de fatigue et découragé.

D'ailleurs il semblait en proie à des préoccupations intérieures, qui sans doute ne contribuaient pas peu à diminuer son énergie ; quelquefois son front pâle se plissait convulsivement, et des soupirs involontaires s'échappaient de sa poitrine quand il regardait son compagnon.

Il y avait donc encore une cause morale qui s'unissait aux fatigues physiques pour le jeter dans cet état d'abattement profond. Il restait indifférent aux charmes du repas comme aux charmes de la nature, et il se contentait de tremper ses lèvres dans le vin généreux que contenait sa tasse de cuir, pendant que son compagnon exerçait son vigoureux appétit sur les mets étalés devant lui.

Ce nouveau personnage, en effet, n'avait

rien de commun avec la frêle miniature humaine que nous venons de dépeindre.

C'était un gros garçon bien découplé, robuste sans lourdeur, à visage ouvert et mâle, dont le caractère était banal peut-être, mais gai et plein de franchise.

Son costume, pour être moins riche et moins fashionable que celui de son ami, n'en était que beaucoup plus approprié à la circonstance. Son ample redingote de chasse en drap vert à boutons d'argent pouvait également le défendre contre le froid et contre la pluie; ses gros souliers n'avaient nullement souffert du contact des rochers corses, et sa casquette de cuir verni protégeait amplement ses traits contre les ardeurs du soleil méridional.

Il semblait aussi beaucoup plus habitué

que son camarade à faire des excursions de la nature de celle qu'il avait entreprise, et la fatigue pour lui ne se manifestait que par le monstrueux appétit dont nous avons parlé.

Enfin, l'unique pensée qu'il parût avoir en ce moment, était de voir complétement à nu les os du jambonneau qu'il attaquait du couteau et des dents.

Peut-être ce désir allait-il être satisfait, quand, la première faim assouvie, le joyeux et matériel garçon s'avisa que son compagnon, au lieu de l'imiter, restait grave et pensif, la tête appuyée dans ses mains, lui laissant tout l'honneur de mener à bien son glorieux projet.

— Eh bien, eh bien, M. Charles Labeccio, dit-il en riant, sans cependant interrompre le travail de ses mâchoires, la fatigue produit-elle sur vous un tel effet qu'elle vous empêche de déjeuner? Aussi, pourquoi diable, continua-t-il d'un ton différent, avez-vous exigé que nous finissions à pied le chemin de Corte à Casabella? Je savais bien, moi, que vous ne pourriez y tenir! C'était bon pour un chasseur, un bourgeois campagnard comme moi ; mais vous, élevé à Paris, et qui n'êtes habitué à marcher que sur l'asphalte du boulevard italien, comment pourrez-vous résister à tant de fatigues? Nous aurions dû, au moins, prendre des chevaux, un guide, que sais-je! Vous serez épuisé quand nous arriverons chez votre tante, et il paraît que nous sommes encore loin de son habitation.

— Deux heures de marche suffiront pour y arriver, répondit d'une voix douce et musicale comme celle d'une femme celui qu'on avait appelé Charles Labeccio ; les indications qu'on nous a données sont si précises que nous ne pouvons nous tromper de route. J'ai voulu, mon cher Paul, éviter les retards que des guides bavards et l'embarras de nos montures vous auraient occasionnés. Les motifs qui m'ont fait entreprendre ce voyage sont si importants pour moi, que je ne dois pas perdre volontairement une minute, et encore je ne sais pas si j'arriverai à temps !

Ces paroles firent prononcées d'un ton si triste, que Paul regarda fixement son jeune compagnon et lui dit avec l'accent de l'intérêt et de la cordialité :

— Ah ça, monsieur Charles, nous nous connaissons déjà depuis assez longtemps pour qu'il doive y avoir entre nous confiance et intimité; eh bien, ma foi, je vous avouerai tout rondement que j'ai remarqué en vous quelque chose qui me chagrine; vous avez des peines secrètes dont vous ne me parlez pas. Depuis ce matin surtout vous êtes triste, inquiet, et à mesure que nous approchons de l'habitation de votre tante, cette tristesse et cette inquiétude augmentent. A moins que l'émotion de revoir votre pays natal n'en soit la cause, je ne puis m'expliquer....

— Je vous ai dit, monsieur Duvert, que, quoique né en Corse et dans l'habitation même où nous allons, j'ai quitté le pays depuis l'âge de trois ans, et qu'il est aussi nouveau pour moi que pour vous-même.

— Eh bien! ma foi, monsieur Charles, reprit Paul Duvert d'un ton tranchant et en se remettant à manger avec ardeur, comme

s'il eût voulu réparer la minute qu'il venait
de perdre, je ne sais ce que vous pensez de
votre chère patrie, mais, quant à moi, je n'en
suis pas grand enthousiaste. Ce n'est pas,
continua-t-il en désignant avec le manche
du jambonneau le paysage environnant, qu'il
n'y ait là des choses que des peintres et des
faiseurs de vers ne pourraient trouver fort
belles ; mais nous autres Flamands et agriculteurs, nous ne nous arrêtons pas à ces baga-
telles. Je ne donnerais pas la plus petite prai-
rie artificielle de mon père aux environs de
Lille pour trois lieues de pays dans ces grandes montagnes que nous venons de traverser.
A la vérité, le pays n'est pas absolument
mauvais, mais comme ces fainéants de
paysans cultivent cela, bon Dieu ! Trois gaillards de ma connaissance qui travaillent sur

notre ferme-modèle, feraient plus d'ouvrage en huit jours que cinquante de vos Corses en une saison ; l'agriculture est ici dans l'enfance ; quelles charrues, quelles herses incommodes ! quels bestiaux lourds et indomptables !

Vous savez que je voyage pour étudier les divers procédés d'agriculture que je pourrai un jour appliquer sur les domaines de mon père ; mais ce n'est pas en Corse que j'acquerrai aucune connaissance précieuse pour nos exploitations.

Non, non, je ne suis pas amoureux de votre île tant vantée, je vous jure, non plus que de ses habitants. Qu'est-ce, je vous prie, que tous ces gens que nous avons rencontrés dans les campagnes depuis notre départ d'Ajaccio ? Avec leurs roupes brunes, leurs casquettes à oreilles, leur mine sombre et leur fusil sur l'épaule, ne les prendrait-on pas plutôt pour des brigands que pour d'honnêtes paysans, qui ne doivent songer qu'à leurs travaux de labourage et de moissons!

N'est-ce pas une honte que des voyageurs comme nous ne puissent, en traversant un village, demander à une fillette un innocent baiser sans risquer de faire connaissance avec le stylet d'un frère ou d'un fiancé jaloux, comme cela a été sur le point de m'arriver, il y a quelques heures, en sortant de Corte? J'aime la bonne vie matérielle et tranquille de nos campagnes flamandes, moi, et je ne me soucie pas de jouer ma vie pour un baiser à l'air volé à une Maritorne de ce pays; je ne suis pas né pour les aventures et je prise fort la sécurité de nos campagnes civilisées, que diable! Aussi, de tous les avantages que j'avais espéré retirer d'un voyage en Corse, je n'en retirerai qu'un, sur lequel je ne pouvais pas compter.

— Et quel est-il? demanda Charles, qui avait écouté en souriant avec mélancolie cette naïve boutade contre son pays natal.

Paul Duvert hésita et rougit presque d'embarras.

— Celui d'avoir fait votre connaissance, répondit-il enfin tout d'une haleine, du ton d'un homme peu habitué à faire des compliments, et qui croyait cependant devoir un mot de politesse à son interlocuteur pour la critique peu mesurée qu'il venait de faire de la Corse.

Puis, comme honteux de lui-même, le

campagnard remplit précipitamment de vin sa tasse de cuir et la porta à ses lèvres.

— Je vous remercie, Paul, dit le jeune Labeccio avec son air d'exquise politesse; je partage moi-même trop de vos idées pour être un bon avocat de ma terre natale. Cependant, les aventures tragiques sont aussi rares ici que partout ailleurs lorsqu'on ne les appelle pas; et quand on ne vient y chercher, comme vous, que des délassements, la beauté du climat, l'abondance du gibier, l'excellence et la variété des fruits...

— Je n'aime pas les crudités, interrompit Paul en lançant au loin de toute la force de son bras l'os du jambonneau qu'il venait de disséquer avec une exactitude phénoménale; et quant au gibier, quoique je tire au besoin passablement un coup de fusil, je vous avouerai franchement que j'aime autant voir un lièvre dans un plat, tout lardé et tout rôti, que d'aller courir après lui, lorsqu'il galope dans les ajoncs et les bruyères par une affreuse chaleur comme celle d'aujourd'hui. Cependant, je l'espère, pendant notre séjour chez votre parente nous ferons quelques parties de chasse, et vous verrez que je ne suis pas plus maladroit qu'un autre...

Ces paroles semblèrent réveiller dans le jeune Corse certaines idées que la gaieté et la bonhomie de son compagnon avaient un moment engourdies.

CHAPITRE II.

II

— Élevé à Paris, reprit-il, je n'ai jamais touché un fusil de ma vie; aussi je serais un pauvre chasseur. D'ailleurs je ne sais s'il me serait possible de vous accompagner dans vos joyeuses promenades; sans doute la mission dont je suis chargé auprès de ma tante occupera tous mes instants.

Il y eut un moment de silence. Charles était retombé dans sa rêverie et Duvert mettait en œuvre tous les ressorts de son imagination un peu lourde pour chercher la cause de ce chagrin continuel dont on lui faisait mystère. Tout à coup il parut frappé d'une idée qui ne lui était pas encore venue depuis le commencement de son intimité avec le jeune Corse.

— Monsieur Labeccio, dit-il d'un air sérieux, je ne voudrais pas vous offenser, cependant je désirerais avoir une franche réponse à la demande que je vais vous adresser : Est-il bien vrai que je ne suis pour rien dans la cause de cette inquiétude qui augmente à mesure que nous approchons de la demeure de votre tante?

— Vous? s'écria Charles étonné.

— Moi-même; écoutez. En acceptant votre invitation de passer quelques jours dans votre famille, il a été sous-entendu que je ne voulais pas être pour elle et pour vous un sujet d'embarras. Je n'avais aucun titre pour mériter cette politesse de votre part; nous nous sommes rencontrés sur le bateau à vapeur qui nous transportait à Ajaccio; vous veniez en Corse pour affaires, moi j'y venais sous prétexte de faire des études d'agriculture, mais en réalité pour voir du pays et acquérir par le frottement des hommes ce qui manque à mon éducation campagnarde.

Nous nous sommes rapprochés facilement, nous nous sommes convenu, et vous m'avez proposé, puisque je venais pour voir le pays, de vous accompagner jusqu'à l'habitation de votre parente; j'ai accepté sans façon. Cependant, maintenant que nous approchons du terme du voyage, si vous avez des inquiétudes sur la manière dont un étranger pourra être reçu à Casabella, si vous avez fait depuis notre départ des réflexions qui vous avaient échappé auparavant, si enfin l'idée vous est venue qu'un étranger pouvait être de trop au milieu de ces affaires graves que vous venez traiter ici, parlez franchement, ne vous gênez pas. Nous ne sommes qu'à quelques lieues de Corte... et je ne vous garderai pas rancune.

Charles l'interrompit par un geste amical.

— Y pensez-vous, monsieur Duvert; je vois bien que vous ne savez pas combien les devoirs de l'hospitalité sont sacrés parmi les Corses, et ma tante Bianchi est aussi Corse que personne à cet égard. Non, non, ne redoutez aucun mauvais accueil pour vous, aucune gêne pour ma famille ! Je suis fondé à croire, au contraire, que votre présence sera plus agréable que la mienne...

— Que dites-vous ? moi, étranger, inconnu, assez mal élevé, puisqu'il faut l'avouer, vous croyez...

— Je crois que vous avez plus de chances que moi-même de plaire à cette parente que je n'ai jamais vue, mais dont je connais les idées et le caractère... Eh bien, ajouta-t-il en se ravisant, je ne ferai pas plus longtemps le discret avec vous ; je vous connais et vous aime déjà assez pour vous accorder ma confiance tout entière ; d'ailleurs, dans la bizarre position où je me trouve, je pourrai avoir besoin de conseils, des secours et peut-être des consolations d'un ami.

Le jeune agriculteur lui saisit brusquement la main, qu'il écrasa presque, tant son étreinte était vigoureuse et tant la main de Charles était délicate :

— Parlez, parlez sans crainte, monsieur Charles, dit-il avec une vivacité qui ne lui était pas ordinaire; les conseils et les consolations, voyez-vous, ne sont pas précisément mon fort; je ne suis pas un grand rhétoricien, et quand il ne s'agit plus de la manière de herser un champ ou de greffer un pommier, je n'ai pas grand'chose à dire. Cependant, mon gros bon sens est à vos ordres, ainsi que mes poignets, si, comme je le suppose, vous ne pouvez pas compter sur les vôtres. Maintenant, parlez; Paul Duvert est un bon diable, après tout, et peut-être à nous deux trouverons-nous moyen de mener à bien cette affaire qui vous occupe tant.

Charles le remercia d'un geste et il allait commencer le récit annoncé, quand Paul se leva tout-à-coup.

— Ne m'avez-vous pas dit, demanda-t-il, que vous vouliez éviter toute espèce de retard et que l'affaire qui vous appelle auprès de votre tante est très pressée ?

— Il y a va de l'honneur et de la fortune de mon père, répondit Charles avec un soupir.

— Qu'attendons-nous donc pour nous remettre en route, reprit Duvert en ramassant précipitamment les restes des provisions, qu'il engloutit dans son havre-sac; puisque vous ne mangez pas, il est inutile que nous perdions ici un temps précieux... je trouverai bien moyen de grignoter quelque chose tout en marchant, car, soit dit sans vous offenser, mon cher Labeccio, je ne suis pas embarrassé de suivre votre pas.

Tout en parlant, les deux jeunes gens s'étaient mis en mesure de continuer leur voyage, et bientôt ils reprirent le chemin ou plutôt le sentier qui descendait vers la plaine, Charles s'appuyant péniblement sur un jonc à pomme d'or, pour soutenir sa marche; Paul s'avançant d'un pas tranquille et égal, comme si le mouvement de locomotion qui épuisait son compagnon de route n'eût été qu'un jeu pour lui.

Après un moment de silence, Charles reprit :

— Je ne veux pas abuser de votre patience, mon cher Paul, aussi je ne tenterai pas de vous expliquer la généalogie de ma famille, qui est une des plus anciennes et des plus riches de la Corse. Je vous dirai seulement que sous l'empire, par suite d'événements qu'il m'est inutile de raconter, cette famille se trouva réduite à deux personnes, mon père et ma tante Bianchi, derniers héritiers du nom et de la fortune de nos ancêtres.

Ma tante, profondément attachée aux mœurs et au sol même de la Corse, épousa un riche propriétaire foncier, qui mourut peu de temps après son mariage sans lui laisser d'enfants. Quant à mon père, il avait épousé une jeune Française, fille d'un important fonctionnaire d'Ajaccio; ce fut déjà là un motif de discorde entre le frère et la sœur.

Madame Bianchi est une femme bizarre, entichée des préjugés locaux, et elle a toujours considéré comme une mésalliance cette union avec une femme qui n'était pas Corse d'origine.

Cependant, lorsque ma mère devint enceinte de moi, les deux branches de la famille semblèrent sur le point de s'entendre. Ma tante, comme je vous l'ai dit, était veuve et sans enfants : elle espéra que ma mère donnerait le jour à un garçon qui relèverait ainsi le nom de Labeccio près de s'éteindre. Aussi ma mère fut-elle invitée à venir faire ses couches à Casabella, l'habitation où nous nous rendons en ce moment, et ma naissance combla de joie les deux familles.

Malheureusement, les deux belles-sœurs ne pouvaient s'aimer : ma mère, toute française de mœurs et de caractère, blessait à chaque instant les idées et l'orgueil de madame Bianchi. Les divers systèmes que l'une et l'autre se proposaient de suivre dans mon éducation ne contribuèrent pas peu à les séparer.

Ma tante voulait qu'on m'élevât en Spartiate, avec dureté, et sans s'inquiéter de l'intelligence autrement que pour la façonner suivant les préjugés du pays. Madame Labeccio, femme du monde et mère jalouse, qui, du reste, me voyait faible et de santé chancelante, repoussait ces conseils et me traitait en enfant gâté.

Il en résulta des querelles journalières, et un jour, après une scène violente, mon père, ma mère et moi nous quittâmes l'habitation pour n'y plus revenir. De ce moment, mon père, qui avait conservé une grande déférence pour sa sœur aînée, fut affranchi de toute contrainte ; il vendit toutes ses propriétés en Corse, et alla s'établir à Paris, où il éleva avec ses capitaux et ceux qui provenaient de la fortune de sa femme une maison de banque qui a toujours été estimée et recommandable jusqu'ici.

Ma tante fut violemment irritée de ce qu'elle appelait la désertion de mon père, et, malgré les avances qui lui furent faites, elle resta longtemps sans vouloir donner de ses nouvelles.

Elle était riche et sa fortune devait naturellement nous revenir plus tard; pour tromper les espérances de mes parents, elle prit avec elle une jeune orpheline sans fortune, de la famille de son mari, et elle annonça hautement qu'elle lui laisserait tous ses biens; cette jeune personne est mademoiselle Thérésa Bianchi qui demeure maintenant près d'elle, et qui, nous a-t-on dit, est charmante et douée des plus belles qualités.

Sur ces entrefaites, ma pauvre mère, à qui ma tante attribuait tous les maux de la famille, venait de mourir à Paris.

En recevant cette triste nouvelle, madame Bianchi sembla vouloir se rapprocher de la famille de son frère : elle écrivit, et soit amour-propre de ne pas paraître faire d'avances à mon père, soit intérêt véritable pour le seul rejeton direct des Labeccio, ce fut de moi seul qu'il fut question dans cette lettre.

Mon père n'eut garde de repousser ces ouvertures ; il était jaloux de cette fille d'adoption, dont ma tante voulait faire son héritière, et, prévoyant déjà les désastres qui pouvaient survenir dans ses affaires, il résolut de m'acquérir à tout prix la protection et la fortune de sa sœur.

Aussi, il se garda bien de heurter ses préjugés comme l'avait fait autrefois ma pauvre mère. Il lui répondit donc de manière à flatter ses idées, et tout en faisant l'éloge de mes dispositions, il annonçait qu'il comptait désormais suivre pour mon éducation tous les conseils que sa chère sœur voudrait bien lui donner.

Une active correspondance s'établit depuis cette époque, et c'est ainsi que mon père est arrivé à donner de moi à mon unique parente l'idée la plus étrange qu'il soit possible d'imaginer.

Sachant que madame Bianchi estimait avant tout la force physique et les qualités du corps, il me représenta comme un enfant fort, robuste et adroit, tandis que j'étais faible et maladif. Ma tante méprise cette instruction brillante mais trop souvent inutile, que l'on donne aujourd'hui à la jeunesse ; pendant que je remportais au concours général des prix de grec et de latin, mon père annonçait à sa sœur qu'on m'élevait à la campagne, où j'acquérais des connaissances pratiques d'agriculture et où la chasse était mon seul amusement.

Ma tante tient surtout au caractère et aux mœurs de la Corse, et pendant que j'étais encore un timide adolescent toujours prêt à pleurer au souvenir de ma mère morte, mon père me représentait, dans ses lettres à sa sœur, comme un jeune homme hardi, inflexible, qui avait porté au milieu de la civilisation parisienne les instincts fiers et indomptables du caractère corse.

Enfin il alla si loin qu'il dépassa le but : il ne voulait qu'appeler l'intérêt de ma tante sur moi, et ma tante, excitée par les éloges qu'on lui avait faits de ma personne et de mon caractère, exprima avec beaucoup d'instances le désir de me voir.

Ce n'était pas là le compte de mon père, qui, sachant bien qu'elle ne se déciderait par aucune raison du monde à venir à Paris, avait espéré que jamais il ne lui serait possible de reconnaître combien j'étais différent de ce portrait.

Il s'excusa donc sur la tendre amitié qu'il

me portait, sur la peine qu'il aurait à se séparer de moi, sur les inconvénients de me faire voyager seul, car ses affaires ne lui permettraient pas de m'accompagner ; mais ces excuses étaient trop frivoles.

Madame Bianchi le sentit ; elle annonça à mon père qu'elle voyait bien qu'il l'avait trompée à mon sujet, que sans doute je n'étais pas digne de son affection et de son estime, et qu'elle n'y songerait plus. En effet, de ce moment elle cessa d'écrire, et nous fûmes ainsi sur le point de perdre tout le fruit de quinze années de ménagement et de ruses.

CHAPITRE III.

III

« Les choses en étaient là lorsque, il y a quelques mois, mon père m'apprit en pleurant que, par suite de plusieurs faillites successives dont il venait d'être victime, il allait se trouver forcé de suspendre ses payements.

Ce fut pour moi un coup terrible; jusquelà je n'avais songé, après avoir terminé mes études, qu'à vivre de la vie agréable et facile de Paris; cette nouvelle me rappela au sentiment du positif.

Je me mis au travail avec ardeur pour chercher dans les affaires de notre maison de banque les ressources capables de nous sauver. Tous nos efforts furent inutiles; il ne nous fut jamais possible d'inventer un moyen de faire face à des échéances prochaines, et après bien des calculs, après avoir tarifé au plus haut les ressources qui nous restaient, nous acquîmes la certitude que, si nous ne pouvions réaliser promptement une somme de soixante mille francs, notre ruine et notre déshonneur étaient certains.

Dès qu'il ne nous fut plus possible de

nous faire illusion sur cette affreuse réalité, nous nous laissâmes aller au désespoir.

Cependant mon père se souvint en ce moment que sa sœur était une des plus riches propriétaires de la Corse et qu'elle pouvait le sauver.

Ma tante a d'immenses plantations d'oliviers et des terres mieux cultivées que celles que nous avons vues jusqu'ici; ses revenus sont considérables, et comme elle ne dépense presque rien pour elle-même et pour sa pupille, elle envoie chaque année à un banquier d'Ajaccio des valeurs assez fortes qui montent actuellement à une somme considérable. Mon père, qui n'ignorait pas cette circonstance, me fit part alors de ses relations antérieures avec madame Bianchi; il me dit que, vu l'affection qu'elle semblait avoir pour moi, elle ne me refuserait pas la somme qui nous était nécessaire si j'invoquais mes droits à son intérêt et à sa pitié.

Vous pouvez croire que je n'hésitai pas à faire une démarche ; j'écrivis à ma tante une lettre très-pressante où je lui exposais la situation de mon père.

La réponse ne se fit pas attendre ; madame Bianchi m'assura, dans une lettre qui m'était personnellement adressée, qu'elle avait les moyens et la volonté de sauver mon père, mais qu'elle entendait n'offrir les soixante mille francs en question qu'à moi seul, le futur représentant de la famille ; que si j'étais réellement tel qu'on le disait, je n'avais qu'à me rendre immédiatement en Corse, et qu'elle me remettrait elle-même la somme demandée.

Elle ajoutait que ce voyage ne serait pas de longue durée, qu'elle s'arrangerait de manière à ne mettre aucun retard dans l'envoi des fonds dès qu'elle m'aurait vu, mais que, si je ne partais pas pour la Corse aussitôt après la réception de sa lettre, elle considérerait mon refus de la visiter comme une rupture définitive; elle donnerait tous ses biens à sa pupille, mademoiselle Thérésa Bianchi, et ni mon père ni moi nous n'entendrions jamais parler d'elle.

Vous devez comprendre, mon cher Paul, dans quel embarras nous nous sommes trouvés en recevant cette injonction péremptoire. Je suis si différent du portrait que l'on a fait de moi à mon inflexible tante, que je suis presque certain de lui déplaire, et, furieuse d'avoir été trompée, elle refusera de rempli sa promesse.

Cependant, comme le voyage que j'accomplis en ce moment était la seule ressource qui nous restât, je n'ai pas hésité à me mettre en route.

J'espère que je parviendrai à l'émouvoir au récit des malheurs qui nous menacent; si je ne suis pas tel qu'elle s'attend à me trouver, les prières que je lui adresserai au nom de mon père parviendront peut-être à la toucher. Enfin il faut que les fonds soient à Paris pour la fin du mois, et il ne m'est pas possible de chercher un autre moyen de salut que celui qu'elle nous offre. Vous voyez combien je suis excusable de trembler à mesure que nous approchons de Casabella ! »

Paul avait écouté ce récit avec une attention soutenue ; il n'avait pas songé une seule fois à porter la main au sac aux provisions, et il garda le silence longtemps encore après que Charles Labeccio eut cessé de parler.

— Oui, oui, reprit-il enfin en secouant la tête, le cas est embarrassant ! Mais aussi, mon cher camarade, permettez-moi de vous dire qu'il faut que votre père soit bien... Comment dirai-je ? Oui, bien *bon enfant* (et il appuya sur le mot) pour être allé fourrer dans la cervelle de votre tante un tas de sornettes à votre égard ! Il est vrai qu'on n'a jamais rien vu d'aussi biscornu et d'aussi original que cette chère parente ! D'après ce que vous m'avez dit, elle compte trouver en vous une espèce de tambour-major, jurant, pestant à tout propos, ayant toujours le poing sur la hanche, défiant au bancal l'univers entier, et ma foi! vous ressemblez plutôt à une jeune demoiselle parisienne habillée en cavalier et étouffée dans un corset qu'à un pareil personnage. Votre père n'était pas raisonnable, vraiment, et il vous a engagé dans un mauvais pas.

— Que voulez-vous, Duvert! répondit Charles d'un air de regret, mon pauvre père n'avait d'autre pensée que de me concilier l'affection d'une parente vieille et riche qui pouvait me laisser son héritage ; il n'avait pas songé aux circonstances malheureuses qui amèneraient une entrevue entre elle et moi, et il s'est trouvé pris à son propre piége.

— Oui, sur mon âme! et pour peu que la vieille dame soit le quart aussi revêche que certaines vieilles femmes de ma connaissance, elle va jeter les hauts cris, vous déshériter, et peut-être même vous refuser les soixante mille francs dont vous avez besoin ! Sapristie ! la situation n'est pas gaie, et je ne sais trop quel conseil vous donner pour vous en faire sortir.

Tous les deux se turent et se mirent à réfléchir. Ils suivaient en ce moment un des sentiers âpres et tortueux qui sont presque les seules voies de communication dans la Corse, et ils traversaient une belle vallée que des collines boisées dominaient de toutes parts.

Cette vaste enceinte était calme et déserte ; en sorte que nulle distraction ne pouvait interrompre les méditations des deux amis. Charles marchait la tête inclinée sur sa poitrine, poussant de profonds soupirs par intervalles, tandis que Paul Duvert, ses gros sourcils froncés et les yeux levés vers le ciel, sifflotait entre ses dents, ce qui était chez lui l'indice d'une grande préoccupation.

Ce silence durait déjà depuis quelques instants lorsque tout à coup le sifflotement cessa, et Duvert toucha doucement le bras de son compagnon, en désignant de l'autre main un individu debout et immobile au sommet d'une colline qu'ils allaient avoir à gravir.

Ce personnage paraissait armé, et sa haute taille se dessinait en noir sur le ciel bleu-clair, comme une inquiétante silhouette.

— Qu'est-ce que cela? demanda Paul à son compagnon? que diable peut faire cet homme en un pareil endroit?

— C'est quelque habitant du pays, dit Charles en regardant avec distraction dans la direction indiquée; un pâtre, peut-être... il pourra nous dire si nous sommes ou non dans le bon chemin.

— Si c'était un pâtre, nous apercevrions sans doute le troupeau qui est confié à sa garde; d'ailleurs je vois d'ici briller dans ses mains quelque chose qui ressemble à un fusil.

— Vous oubliez que tous les paysans que nous avons rencontrés jusqu'ici avaient le fusil sur l'épaule?

— Oui, et je dis que c'est une habitude qui convient mieux à des voleurs de grand chemin qu'à de pacifiques agriculteurs. Mais avez-vous remarqué que cet individu là-haut se trouve placé exactement au milieu du sentier, de manière que nous ne puissions passer sans sa permission? Avez-vous remarqué aussi qu'il nous regarde avec une attention soutenue, comme s'il était venu là tout exprès pour nous attendre?

Charles répondit en souriant que leur costume et leurs allures avaient été déjà plusieurs fois, dans le cours de leur voyage pédestre, l'objet de la curiosité des montagnards, et qu'ils n'avaient pas plus cette fois que les autres de motifs de s'en inquiéter.

— Ce n'est pas que j'aie peur, au moins, monsieur Labeccio! dit Paul d'un air tranquille; si nous étions seulement dans un chemin dépendant de la commune de Martigny, où je suis né, je vous jure que je m'inquiéterais aussi peu de ce grand flandrin que du Grand-Turc; mais ici, je suis tout dépaysé, et ce que je ne connais pas m'a toujours donné de l'ombrage.... Si encore j'avais quelque bon gourdin... Attendez un instant.

Il tira de sa poche un couteau et coupa avec dextérité dans un taillis voisin une énorme branche appropriée à l'usage qu'il en voulait faire. En un clin d'œil elle fut émondée, et le jeune campagnard se trouva possesseur d'une arme qui, dans ses mains vigoureuses et exercées, pouvait être redoutable; puis, rassuré tout à fait par cette précaution, il rejoignit son compagnon, et ils commencèrent à gravir côte à côte la montagne au sommet de laquelle se trouvait le singulier observateur.

A mesure qu'ils avançaient, leur étonnement devenait plus vif. Il ne fit pas un mouvement pendant tout le temps qu'ils mirent à monter jusqu'à lui, et bientôt il leur fut possible de distinguer son costume et ses traits.

C'était, comme nous l'avons dit, un homme de taille presque athlétique, quoiqu'il fût déjà d'un âge avancé.

Son visage bronzé, sillonné de rides, avait un grand caractère de force et d'opiniâtreté ; ses yeux noirs et profonds étaient attachés sur les deux voyageurs avec une sorte de fascination inexplicable ; on eût dit d'un serpent attirant sa proie du regard.

Le costume de cet homme était du reste celui des paysans un peu aisés du pays ; il avait sur la tête un bonnet pointu en peau de chèvre dont les côtés retombaient sur les oreilles ; il portait une veste brune brodée de rouge et de jaune, des culottes de même étoffe que la veste, et des bottines de cuir écru à retroussis. A sa ceinture était attachée une *carchera*, sorte de giberne que les Corses ont toujours soin de bien garnir de cartouches. Il était appuyé sur un fusil à baïonnette, dont la crosse était posée à terre, et dans cette attitude il ne ressemblait pas mal à une sentinelle en faction.

Il faut avouer que cette pose et la manière dont l'inconnu examinait les jeunes gens étaient bien de nature à exciter quelques soupçons, d'autant plus que le mystérieux personnage barrait toujours l'étroit sentier que suivaient les voyageurs et semblait avoir pris racine à cette place.

Charles commença à s'inquiéter et il se rapprocha de son robuste compagnon, qui par contraste affectait un air tranquille et s'était remis à siffloter entre ses dents.

Enfin les voyageurs se trouvèrent si près de l'inconnu qu'il fallait nécessairement ou qu'il se dérangeât pour leur laisser le chemin libre ou qu'ils le heurtassent en passant.

Quant à lui, il n'avait fait d'autre mouvement que celui de relever lentement son fusil, sans cesser de darder sur eux ses regards perçants. Paul Duvert se plaça devant son faible et timide compagnon, et se tournant résolument vers l'étranger, il lui dit d'un ton menaçant :

—Ah çà, l'ami, comptez-vous rester longtemps planté là comme un terme? Si vous attendez quelqu'un à cette place, vous devez déjà sans doute vous être convaincu que ce n'est pas nous... Veuillez donc vous éloigner un peu, car je n'aime pas à me trouver si près de tout le monde, et de votre côté vous pourriez n'être pas content d'être à portée de *ceci*.

En même temps il exécuta avec son bâton un rapide moulinet qu'il jugea de nature à imposer à l'obstiné paysan ; mais à son grand étonnement celui-ci resta impassible et continua de l'observer en se disant comme à lui-même :

— C'est lui... il est tel qu'on le disait ; d'ailleurs je le reconnais à son insolence ; c'est un Labeccio, un véritable ouragan (1) !

(1) Le Labeccio, dans l'île de Corse, est un vent terrible qui déracine les arbres et cause les plus grands ravages.

CHAPITRE IV.

IV

Comme il avait parlé en italien, ni Charles ni son compagnon n'avaient pu le comprendre. Paul impatienté allait se jeter en avant pour forcer le passage, quand l'étranger étendant la main vers lui, reprit en français d'un ton lent et mystérieux :

— Non, non, jeune homme, je ne me suis pas trompé : c'est bien toi que j'attends. Ce n'est pas ici le lieu de répondre à tes menaces ; maintenant que je suis certain de ton arrivée, je suis content ; nous nous reverrons.

En même temps il se détourna un peu et gagna un taillis voisin pour laisser le passage libre, puis se retournant tout à coup vers les jeunes gens, qui étaient restés ébahis à la même place, il reprit avec un sourire fier et sardonique :

— Tu ne me connais pas ; je suis Marliani.

— Enchanté, monsieur Marliani, de faire votre connaissance, s'écria Paul d'un ton jovial en voyant que l'étranger n'avait du moins pour le moment aucune mauvaise intention ; mais ne pourriez-vous pas nous dire si nous sommes dans le chemin de Casabella ?

L'étranger s'arrêta au moment de disparaître derrière les arbres, et désigna par un geste silencieux une habitation située à une demi-lieue environ de l'endroit où ils se trouvaient.

— Nous nous reverrons, dit-il encore d'une voix forte ; je te donne deux jours.

— Merci, dit Paul froidement, comme s'il eût compris le sens de ce qu'on lui disait.

Le paysan corse avait déjà disparu.

— Ah çà ! que peut signifier une pareille aventure ? demanda Paul en se remettant en marche.

— Je crois que cet homme s'est trompé.

— Je crois, en effet, qu'il m'a pris pour vous; n'a-t-il pas prononcé votre nom de Labeccio?

— Il est vrai, mais j'avais pensé d'abord... Oui, oui, Paul, il serait possible que cet homme vous eût pris pour moi, quoique dans ce cas l'aventure ne m'en parût pas plus claire. Je ne suis jamais venu dans ce pays et, que je sache, je n'y suis connu de personne.

— Alors il est évident qu'on s'est trompé; n'en parlons plus. Eh mais! j'y songe, continua Paul en se frappant le front et comme illuminé d'une idée subite, si nous faisions partager à tout le pays l'erreur dont nous accusions cet imbécile, ne serait-il pas possible...

Il s'arrêta comme effrayé des immenses difficultés que présentait son projet.

— Que voulez-vous dire ? demanda Charles précipitamment.

— Écoutez, monsieur Charles, reprit Duvert d'un ton plus posé, je serais enchanté de pouvoir vous être utile dans la position difficile où vous êtes en ce moment; et je ne vois qu'un moyen de vous sauver, si toutefois vous le jugez praticable.

— Oh ! parlez, parlez.

— Ne m'avez-vous pas dit que votre tante éprouverait de la répulsion pour vous, rien qu'à voir la faiblesse de votre constitution, rien qu'à entendre le son de votre voix toute féminine, rien qu'à étudier pendant une heure vos goûts, vos idées, votre caractère, et n'est-ce pas que, si elle se croit trompée par votre père, elle vous refusera ce que vous venez lui demander ?

— Tout cela n'est que trop présumable.

— Ne m'avez-vous pas dit aussi qu'un gros garçon tout simple et tout matériel tel que moi avait plus de chances de plaire à la vieille dame et de l'engager à desserrer les cordons de sa bourse ?

— Je le crois encore.

— Eh bien ! monsieur Charles, si vous y consentez, pendant les trois jours que nous devons demeurer chez votre tante, nous changerons de nom, vous vous appellerez Paul Duvert et moi je m'appellerai Charles Labeccio ?

— Ce projet est si hardi qu'il en est fou ! dit Charles tout pensif, et cependant... peut-être a-t-il des chances de succès. D'un autre côté, si ma tante venait à découvrir la supercherie...

— Comment la découvrirait-elle ? Songez donc que rien ne pourra lui donner l'éveil : le portrait qu'on lui a fait de son neveu se rapproche plus du mien que du vôtre ; elle ne vous a jamais vu, et lorsque vous aurez quitté l'habitation, elle ne vous reverra sans doute jamais. Cette ruse vous procurera l'affection de votre tante et son assistance pour toujours. Que voulez-vous ! avec les fous, je devrais dire les folles, que votre tante me le pardonne ! il faut employer des moyens un peu extraordinaires ; enfin, voyez si cette proposition peut vous plaire, je la crois tout à votre avantage.

— Mais, reprit le jeune Corse avec hésitation, êtes-vous sûr que vous-même vous remplirez votre rôle de manière...

— Laissez-moi faire, dit Paul d'un air capable, d'après ce que je connais déjà du caractère de votre parente, je suis certain de ne pas faire de trop grosses balourdises. Par exemple, je ne promets pas de ne pas m'amuser en secret un peu à ses dépens ; mais elle ne se doutera de rien ; vous verrez. D'ailleurs la comédie ne durera que trois jours, et la bonne dame sera bien fine si dans cet espace de temps elle vient à découvrir le bout d'oreille. Enfin, monsieur Charles, songez que vous serez près de moi, que vous ne me quitterez pas d'un instant, que je serai toujours à portée de recevoir vos renseignements, vos instructions, vos conseils...

— Eh bien ! Paul, j'accepte, dit Labeccio

convaincu, en pressant la main de son compagnon, je mets toute ma confiance en vous. Songez qu'il y va de l'honneur et de la fortune de mon père, et si nous réussissons, je vous devrai plus que la vie.

— Ne parlons pas encore de reconnaissance, reprit le Flamand en jetant un regard rapide autour de lui; si je ne me trompe, nous allons arriver dans quelques moments à l'habitation de *notre* digne parente, et vous n'avez pas de temps à perdre, si vous voulez que je sois convenablement au fait de certains détails intimes sur votre famille.

Charles se hâta en effet de donner les renseignements les plus nécessaires afin que son compagnon pût remplir son rôle sans trop de bévues, et ils étaient encore absorbés tous les deux par cette conversation, quand de nouveaux personnages vinrent attirer leur attention.

Depuis qu'ils avaient quitté l'individu qui s'était donné le nom de Marliani, les deux jeunes gens étaient arrivés enfin à la nouvelle vallée riante et boisée à l'extrémité de laquelle se trouvait l'habitation de madame Bianchi.

Cette vallée, située à la dernière limite de la région montagneuse, semblait être l'avant-cour de ces immenses plaines que les voyageurs avaient aperçues des plateaux supérieurs et qui s'étendaient jusqu'à la mer.

En face d'eux était une petite gorge formée par l'écartement de deux collines, et ils pouvaient, à travers cette ouverture, observer mieux qu'auparavant ce pays plat couvert de flaques d'eau croupissante et fétide, entrecoupé de champs ensemencés et de ces taillis impénétrables si célèbres en Corse sous le nom de *maquis*.

Des bouffées d'un vent chaud et humide, chargé des exhalaisons méphitiques des marais, arrivaient déjà jusqu'à eux; ils touchaient à cette partie de l'île qui, pour être la plus fertile et la mieux cultivée de la Corse, est justement redoutée à cause des fièvres et des autres maladies qu'engendre son insalubrité.

C'était portant dans cette position malsaine et dangereuse que demeurait depuis trente ans madame Bianchi.

La maison s'élevait à l'entrée même de cette gorge qui débouchait dans la plaine, et elle était mal défendue par les hauteurs voisines contre ses exhalaisons méphitiques dont les voyageurs ressentaient déjà les atteintes.

C'était un édifice lourd, sombre, écrasé, assez semblable à une petite citadelle, et dont les vieux murs de pierre eussent pu au besoin résister au canon.

Des mousses, des joubarbes, des orpins et d'autres plantes parasites couvraient le toit tout entier comme d'une croûte impénétrable; des lierres et des vignes sauvages serpentaient autour des fenêtres étroites et profondes.

Ce qu'il y avait de singulier dans cette habitation, dont tant de plantations et de terrains en parfait rapport étaient les dépendances, c'était qu'elle n'était entourée d'aucun de ces bâtiments accessoires qui partout accompagnent une ferme; pas de granges pour les blés et les fourrages, pas d'étables pour les bestiaux, pas de cours pour conserver les divers instruments du labourage; chez madame Bianchi comme dans la plupart des maisons rustiques de la Corse, les grains étaient embarqués aussitôt après la moisson, et les bestiaux n'avaient la nuit d'autre asile que les maquis et les pâturages du voisinage.

Aussi, malgré quelques masures qui s'élevaient à quelques centaines de pas de l'habitation et qui étaient occupées par les journaliers attachés à l'exploitation des propriétés, la maison était isolée, sombre et silencieuse au milieu d'un massif de châtaigniers et de noyers qui la cachait en partie.

Mais les voyageurs n'eurent pas le loisir de faire toutes ces observations, car une jeune fille et une espèce de paysan qui semblaient les avoir aperçus de la maison, s'avançaient précipitamment à leur rencontre et étaient déjà tout près d'eux.

La jeune fille avait une tournure élégante et gracieuse qui, dès le premier coup d'œil, la distinguait des pauvres montagnards du voisinage; sa robe d'indienne était de la plus grande simplicité, mais la coupe était d'une mode récente. Une petite mantille noire à l'espagnole et un chapeau de paille dont les rubans flottaient avec grâce, complétaient un négligé que n'eût pas dédaigné une coquette parisienne à la campagne.

Du reste, son visage était régulièrement beau, malgré la teinte dorée que le soleil avait donnée à ses traits, et cette teinte même, relevée par deux grands yeux noirs comme du jais et des cheveux en bandeau aussi noirs que les yeux, donnait un charme de plus à sa vive et expressive physionomie italienne.

Quand elle fut à une certaine distance des deux amis, elle baissa les yeux, et ralentissant sa démarche comme à regret, elle adressa à voix basse quelques observations à son compagnon, qui, n'ayant pas les mêmes convenances à garder, ne se gênait pas pour faire des arrivants une inspection scrupuleuse.

Cet homme, de son côté, était digne d'exciter l'attention de deux voyageurs qui n'avaient quitté pour la première fois la France continentale que depuis quelques jours.

C'était un descendant de ces Grecs qui, sous la conduite des Comnène, vinrent en 1676 demander un asile à la Corse et s'établirent à Cargèse.

Cette race laborieuse et patiente qui s'est

conservée jusqu'à nos jours pure de tout mélange avec les autres populations corses, avait introduit dans l'île, dès cette époque reculée, le goût de l'agriculture et y avait fait faire des progrès importants à cette science, la mère de toutes les sciences.

Aussi, était-il d'usage, depuis bien des années, dans les riches familles indigènes, de choisir quelqu'un de ces Grecs agriculteurs pour diriger les travaux d'exploitation, et madame Bianchi, dans son respect pour les vieilles coutumes de son pays, n'avait eu garde de manquer à celle-là, d'autant plus qu'elle y avait trouvé son profit. Le bruit courait dans le voisinage que Césario, le personnage en question, avait été le principal agent de la fortune de sa maîtresse, et réellement ce bruit était fondé.

Du reste Césario était un homme de 45 à 50 ans, de moyenne taille, aux traits pâles sous le hâle qui les couvrait et dont les yeux obliques avaient une singulière expression d'astuce et de vivacité.

Son costume différait essentiellement de celui des paysans corses et avait un caractère particulier.

Il avait sur la tête une de ces calottes si vulgaires de nos jours sous le nom de *calottes grecques*, et qui, pour lui, n'était qu'une partie nécessaire du costume traditionnel de ses pères. Il portait une veste assez semblable celle des autres à habitants du pays, mais son vêtement inférieur était une sorte de culotte très-large et flottante, serrée au-dessous du genou et qui rappelait un peu, dans l'effet général la foustanelle blanche des Grecs modernes.

Enfin, tout son extérieur semblait un compromis entre le présent et le passé, et chacune des deux époques avait sa part dans ce costume hétéroclite.

A la vue de ces deux personnes, les voyageurs s'arrêtèrent pour les attendre.

CHAPITRE V.

V

— Quelle est cette charmante personne? demanda Paul rapidement et à voix basse.

— C'est, je pense, mademoiselle Thérésa Bianchi, la pupille de ma tante et ma parente à un degré assez éloigné.

— Et cet imbécile en jupon !

— Je l'ignore, mais...

En ce moment une voix douce et tremblante d'émotion demanda si l'un de ces messieurs n'était pas M. Charles Labeccio. C'était Thérésa qui, debout à quelques pas, semblait attendre avec une sorte d'anxiété la réponse qui allait lui être faite. Les deux jeunes gens se regardèrent avec hésitation dans ce moment décisif; mais Paul prenant bientôt son parti s'avança vers la jeune fille et lui dit en la saluant avec plus d'aisance qu'on ne l'en eût jugé capable:

— C'est moi, mademoiselle, c'est moi qui suis Charles Labeccio ; à mon tour ne pourrais-je pas vous demander si ce n'est pas à mademoiselle Thérésa Bianchi que j'ai l'honneur...

— A votre cousine, Charles, dit la jeune fille avec un abandon charmant en tendant à la fois ses deux mains et sa joue au faux Labeccio ; vous parlez à votre cousine Thérésa, que notre tante commune envoie au-devant de vous pour vous souhaiter la bienvenue.

Paul déposa un gros baiser sur les joues fraîches et pressa les deux petites mains qu'on lui abandonnait ; puis, lançant à son ami un regard oblique qui pouvait signifier : « Cela ne commence pas mal ! » il reprit avec une politesse exagérée :

— En vérité, ma chère cousine.... mademoiselle.... je suis heureux... je suis flatté...

— Allons, allons, mon cousin, dit la jeune fille gaiement, laissez là les compliments avec moi ; nous savons déjà ici que vous êtes tout franc, tout naturel ; agissez avec moi comme avec une sœur...

— Eh bien, sapristie, j'aime mieux ça. dit Paul entraîné par cette aimable simplicité ; aussi je vous dirai, ma cousine, que, sans compliment, vous êtes charmante et que je vous aime déjà de toute mon âme.

Et pour ajouter le geste aux paroles, il embrassa encore une fois la jolie Thérésa, qui le laissa faire. Elle rougit cependant en voyant les yeux du véritable Charles fixés sur elle, et Paul lui-même se mordit les lèvres avec un peu de confusion en remarquant ce témoin attentif et muet de ses transports.

— Monsieur est sans doute, demanda la jeune fille en saluant avec embarras, l'ami dont vous nous avez parlé dans votre lettre datée d'Ajaccio...

Charles s'inclina en silence.

— Soyez aussi le bien venu, monsieur, continua Thérésa ; l'ami de Charles Labeccio sera vu avec grand plaisir à Casabella, et tout le monde s'efforcera de lui en rendre le séjour agréable.

— Je désire qu'il soit traité comme moi-même, dit Paul d'un air jovial ; il est mon ami, presque mon frère... Agissez donc, ma cousine, comme s'il était de la famille...

Et avant que la jeune fille eût le temps de s'en défendre, il la prit par la main et la força presque d'embrasser Labeccio, tout déconcerté de cette étourderie. La jeune fille se prêta en riant à cette familiarité, pendant que Paul murmurait à part lui : — Au moins il n'aura rien à me reprocher !

Pendant cette petite scène aucun des interlocuteurs n'avait pris garde à Césario, qui, le corps courbé en deux, se confondait en salutations et en compliments dont son accent italien fortement prononcé ne permettait pas de comprendre la moitié. Néanmoins Paul, importuné par le son monotone de sa voix mielleuse et par ses inclinations régulières et automatiques, se retourna et dit négligemment en saluant de la main :

— Bonjour, mon cher, bonjour ; je vous remercie beaucoup de votre politesse, mais je ne comprends pas bien ce que vous me dites ; ainsi vous pouvez en rester là.

Le Grec se releva vivement, et un regard oblique, aussi bien que la rougeur qui couvrit subitement son visage, laissa deviner qu'il était vivement blessé. Cependant le son de sa voix était aussi insinuant et aussi doucereux qu'auparavant, lorsqu'il ajouta en grimaçant un sourire :

— Que mon jeune maître me pardonne! je suis un dévoué serviteur de la famille Labeccio, et je prends part à tout ce qui lui arrive d'heureux! *Corpo!* je vois avec plaisir, avec bonheur...

Paul, sans l'écouter, avait pris le bras de sa prétendue cousine, et il se disposait à s'avancer avec elle vers la maison ; mais Césario barrait le passage sans y prendre garde, et le jeune voyageur lui dit avec impatience :

—Eh bien! l'ami, laissez-nous donc passer. Allez-vous faire comme l'individu que nous avons rencontré en haut de cette colline, et à qui il a presque fallu disputer le passage le bâton à la main ? Ne seriez-vous pas fils ou parent de ce Marliani?

— Marliani! répéta la jeune fille en tressaillant; vous avez vu Marliani? il a su que vous étiez ici? il vous a parlé?

— Il m'a dit une foule de choses que je n'ai pas comprises, non plus que M. Charles... M. Paul Duvert, veux-je dire. Mais sauriez-vous, ma charmante cousine, ce que pouvait nous vouloir ce vieux mal appris?

Thérésa examina d'un air inquisiteur les traits de Césario, qui resta impassible.

-— Je l'ignore, monsieur Charles, dit-elle enfin avec embarras; mais vous, Césario, vous oubliez, je crois, que madame attend avec impatience la nouvelle de l'arrivée de son neveu? Précédez-nous; allez lui annoncer ce que vous avez vu; une pareille mission vous sera agréable, à vous qui êtes un ami si zélé de la famille Labeccio!...

Il sembla que la jeune fille avait mis dans ces paroles une sorte d'ironie qui fut parfaitement comprise de celui à qui elles s'adressaient, car Césario se mordit les lèvres, et après un salut rapide, il se dirigea vers la maison. Lorsqu'il fut à quelque distance, Thérésa pressa le bras de Paul et lui dit d'un ton mystérieux et confidentiel :

— Vous l'avez piqué, monsieur Charles, et moi-même je ne l'ai pas épargné. Peut-être, pendant le séjour que vous ferez ici, ne trouverai-je pas l'occasion de vous avertir qu'il faut vous défier de cet homme; il s'est emparé de l'esprit de ma tante, et déjà il a cherché à vous nuire auprès d'elle, vous qu'il ne connaissait pas. C'est lui sans doute qui a averti Marliani de votre arrivée; ce Marliani est un ancien ennemi de notre famille, et je ne sais dans quel but on a été le prévenir... Enfin, défiez-vous de Césario. Vous ne pouvez imaginer jusqu'où il a poussé ses insolentes prétentions. Mais je ne le crains plus, maintenant, et je n'ai plus de ménagements à garder ; car vous serez près de moi, vous, mon parent, mon ami, mon défenseur !

— Oui, oui, votre défenseur ! dit Paul avec une chaleur factice en regardant Charles comme pour avoir l'explication de ces paroles ; mais pourrais-je savoir, mon aimable cousine, à quels dangers...

— Allons, monsieur Charles, dit la jeune fille en entraînant son cavalier afin d'échapper aux explications qu'elle prévoyait, notre tante se tourmente sans doute de ne pas nous voir ; marchons bien vite, car elle s'est déjà sans doute bien agitée dans son fauteuil, et l'impatience serait capable de faire remonter sa goutte à la poitrine.

— Ma tante est-elle donc si âgée que déjà elle souffre des infirmités de la vieillesse? demanda Paul.

— Elle n'est pas encore très-âgée, mais ce pays est si malsain à cause du voisinage des marais, que notre parente est presque toujours malade. La goutte la quitte rarement, et, dans ses accès, elle est un peu grondeuse... Mais vous ne pouvez comprendre combien votre présence va la rendre heureuse! Oh! elle a sur vous de grands projets!

La jeune fille s'arrêta tout à coup, comme si elle eût craint d'en trop dire.

— De grands projets! répéta curieusement Paul ; mais vous, ma chère cousine, ne pouvez-vous me dire à l'avance...

— Nous voici arrivés ! dit Thérésa en entrant sous le porche sombre et délabré de la maison ; suivez-moi, messieurs, je vais vous montrer le chemin.

Pendant qu'elle s'engageait dans un escalier tortueux et criard, les deux jeunes gens se trouvèrent côte à côte un instant :

— Courage, dit Charles à voix basse; souvenez-vous de mes instructions.

— Ma foi, dit Paul de même, je ne comprends rien à tout ceci ; mais *notre* cousine est charmante, et le diable m'emporte si je ne suis pas enchanté du marché.

CHAPITRE VI.

VI

La chambre où se trouvait en ce moment madame Bianchi était une grande pièce du premier étage, noire, triste, lambrissée en châtaignier, et dont la peinture rougeâtre, qui n'avait pas été rafraîchie depuis bien des années, s'était fendillée de manière à former une espèce de marbrure désagréable à l'œil.

Quoique la maison parût à l'extérieur solidement bâtie, il était impossible de remuer dans ce vieil appartement sans faire trembler les vitres et sans éveiller dans toutes les parties des cloisons et du plancher une foule de craquements peu harmonieux.

D'immenses placards qui entouraient la chambre tenaient lieu des meubles qui servent d'ordinaire à enfermer les effets de toute nature, et il est à remarquer que quelques-uns de ces placards étaient fermés avec un soin qui prouvait qu'ils n'étaient pas vides.

Du reste, excepté un lit en noyer qui s'étalait dans un coin de la chambre au-dessous d'un vieux baldaquin muni de rideaux blancs, tout avait la même teinte sombre et enfumée.

Les siéges et la table étaient en châtaignier comme les cloisons, et dataient sans doute de la même époque.

Les dorures de deux ou trois cadres qui renfermaient des gravures communes avaient disparu sous les injures des mouches et du temps, et excepté un grand crucifix de cuivre que la piété de Thérésa avait soin de conserver toujours brillant de propreté au-dessus de la cheminée, excepté la petite glace de Venise que la coquetterie de la jeune fille lui ordonnait de ne pas négliger si elle ne voulait être réduite aux fontaines du voisinage pour voir sa gracieuse image, il semblait que l'on n'eût rien essayé pour embellir cet antique appartement depuis le jour où il avait été occupé pour la première fois.

Madame Bianchi elle-même ne faisait aucune disparate avec cet intérieur lugubre et mesquin à la fois : elle était à demi couchée dans un fauteuil à la Voltaire, seul meuble moderne qui eût trouvé place au milieu de ces vieilleries, et ses pieds enveloppés de flanelle témoignaient de son état presque continuel de souffrances.

Par contraste avec l'énergie de caractère dont elle avait donné si souvent des preuves dans le cours de sa vie, la tante de Labeccio était une imperceptible petite vieille, maigre jusqu'à l'étisie, asthmatique, et qui semblait toujours près de rendre l'âme à chaque accès d'une toux opiniâtre qui ne la quittait presque pas.

Sa figure jaune, ridée, souffreteuse, disparaissait presque entièrement sous une énorme coiffe dont il serait assez difficile de se faire une idée, attendu qu'elle n'appartenait à la mode d'aucun temps et d'aucun pays. Deux yeux verts, brillant comme deux émeraudes derrière les garnitures de dentelle qui les voilaient à demi, donnaient cependant un air de vivacité, de ruse et d'intelligence à cette figure bilieuse et livide.

Le reste de sa personne était perdu dans une vaste robe de soie verte dont la capacité devait être en partie remplie par de volumineux jupons, car, à voir les mains microscopiques qui sortaient de cet amas de vêtements, il était impossible de croire à l'embonpoint de leur propriétaire.

Tout cela formait une créature assez disgracieuse, et certes si, comme le croit le vulgaire, la laideur physique est souvent l'indice d'un caractère acariâtre, on pouvait supposer que madame Bianchi ne rendait pas parfaitement heureux ceux qui l'approchaient et qui vivaient sous sa dépendance immédiate.

Cependant, au moment où les deux jeunes voyageurs, conduits par Thérésa, s'avançaient vers la maison, la vieille Corse avait fait trêve un instant à cette humeur revêche qui lui était habituelle.

Étendue dans son fauteuil, dont une de ses mains serrait le bras pendant que l'autre était appuyée sur une petite table chargée de registres, elle écoutait son intendant Césario lui rendre compte de l'entrevue qu'il venait d'avoir avec le prétendu Charles Labeccio.

Il y avait sans doute dans ce récit quelque chose qui flattait bien agréablement la vieille dame, car elle faisait répéter cent fois la même chose à son complaisant interlocuteur, puis elle riait, toussait, et prononçait quelques mots entrecoupés, que venait bientôt interrompre un nouvel accès de rire et de toux.

— Ainsi donc, mon pauvre Césario, dit-elle d'une petite voix aigre dans un intervalle entre deux quintes, le jeune gaillard est bien tel qu'on l'a représenté... un véritable ouragan? et tu dis qu'il a six pieds de haut et des mains larges comme des battoirs? et tu dis qu'il est vif, emporté, audacieux... qu'il a voulu te battre? Ah! ah! ah! Ne m'as-tu pas dit qu'il t'avait battu?

Un fou rire, compliqué de toux, força encore madame Bianchi de s'arrêter. Césario attendit avec respect que sa maîtresse fût calmée, et il reprit d'un air de flagornerie :

— Ai-je dit qu'il m'avait battu ? Non, non, madame, quoique je croie qu'il ne serait pas prudent d'échauffer la bile à ce bon monsieur Carlo. Non, il ne m'a pas battu ; mais, comme je vous l'ai dit, Marliani l'a échappé belle...

— Et Marliani aussi ! s'écria la joyeuse vieille; quoi! il a été sur le point de prendre querelle avec Marliani sans le connaître, sans savoir... Oh ! mon Dieu, mon Dieu, que je vous remercie ! continua-t-elle en se renversant dans son fauteuil et en levant les mains au ciel, tous mes vœux vont être comblés à la fois ! J'en deviendrai folle ! J'en mourrai de joie !

— Je ne veux pas troubler la félicité de ma chère et respectable maîtresse, dit l'intendant avec humilité; mais je l'engage, avant d'exécuter ses projets, à bien examiner...

— Tais-toi, tais-toi, Césario, dit madame Bianchi d'une voix sévère, songe que pendant le séjour de mon neveu tu n'es plus rien ici, rien que le premier de ses domestiques : non, je ne veux plus t'entendre! N'est-ce pas toi qui m'avais tourné la tête avec tes soupçons ridicules? N'est-ce pas toi qui m'avais fait croire un moment que mon frère avait voulu me tromper, que Charles n'était qu'un petit mirliflor de Parisien comme celui qui l'accompagne? Tu te crois bien fin, Césario, et tu as pensé faire un coup de maître en prévenant à mon insu Marliani de l'arrivée de Carlo Labeccio ! tu n'as fait que seconder mes projets, vois-tu ! On saura du moins dans le pays que notre vieille famille a encore un bon défenseur. Toi, aussi bien que les autres, tu ne connais pas mes secrets ! Parce que je te consulte quelquefois, tu te crois l'insolence permise; prends garde de te faire ici l'ennemi de ceux qui bientôt peut-être seront tes maîtres !

A cette terrible mercuriale, Césario s'inclina si bas, que son front touchait presque les pieds de sa maîtresse, et il allait s'excuser peut-être, lorsque le bruit des pas des arrivants se fit entendre dans l'escalier.

Madame Bianchi prêta un moment l'oreille, puis tout à coup repoussant avec une énergie surnaturelle la flanelle qui enveloppait ses jambes, elle saisit une canne en béquille qui était à portée de sa main et elle se leva debout. Puis, au grand étonnement de Césario, elle s'avança seule vers la porte, comme si la joie venait d'opérer sur elle une guérison instantanée et miraculeuse.

— Ne faut-il pas que je reçoive dignement le fils de mon frère, le précieux rejeton de ma famille? dit-elle d'un air fier, en se plaçant en face de la porte.

La première personne qui entra fut Thérésa, qui en voyant marcher sa tante qu'elle avait laissée faible et si souffrante un moment auparavant, ne put retenir un cri de surprise.

Quant aux deux jeunes gens, en apercevant tout à coup devant eux cette étrange créature haute tout au plus de trois pieds et demi, appuyée sur sa béquille, empaquetée dans ses vêtements, ridée et hideuse comme la petite fée malfaisante et bossue des contes d'enfants, ils restèrent pétrifiés à la même place.

Paul Duvert surtout, qui s'attendait à trouver dans la terrible et inflexible madame Bianchi une femme imposante et majestueuse, fut sur le point de laisser échapper un bruyant éclat de rire. Heureusement un regard suppliant de Charles le retint à temps, et tous les deux cachèrent l'expression de leur visage, quelle qu'elle fût, par une profonde inclination.

— Je vous salue, messieurs, dit madame

Bianchi avec un air de dignité qui sembla la grandir aux yeux des assistants; le jour de votre arrivée est un jour de bonheur pour Casabella et pour tous ceux qui l'habitent. Monsieur Duvert, continua-t-elle en se tournant vers Charles avec une politesse froide, considérez cette maison comme la vôtre. Et vous, mon neveu, ajouta-t-elle en regardant Paul avec des yeux où se peignirent à la fois l'admiration, la joie et l'orgueil, embrassez votre tante, votre amie, celle qui veut être pour vous une véritable mère.

Ces paroles furent suivies d'un geste affectueux et impératif à la fois, qui indiquaient clairement à Paul ce qui lui restait à faire.

Malheureusement Paul ne s'était pas préparé à cet accueil par trop bienveillant, et il hésita à remplir une formalité qu'il avait trouvée si douce quelques instants auparavant à l'égard de Thérésa Bianchi. Un geste de son ami lui montra ce qu'il ne voyait que trop bien.

Aussi se retournant brusquement, il dit d'une voix altérée, comme si l'émotion l'empêchait de comprendre exactement le sens de l'invitation qui lui était adressée :

— Ma tante, ma bonne tante, ma bien-aimée tante... je ne sais comment vous exprimer le plaisir, le saisissement...

— Dans mes bras! dans mes bras! répéta madame Bianchi d'une voix tremblotante en joignant le geste aux paroles.

Cette fois, il n'était pas possible d'éluder la volonté nettement exprimée de la vieille Corse. Cependant Paul hésitait encore; il fallut que Charles le poussât par un mouvement inaperçu des assistants dans les bras de la bien-aimée tante. Le pauvre garçon s'exécuta en jetant sur son ami un regard de douloureux reproche.

La petite scène que nous venons de décrire avait duré tout au plus une minute; cependant madame Bianchi sembla en éprouver quelque fatigue, et Charles, qui s'en aperçut, lui offrit poliment son bras pour la reconduire à son fauteuil.

— Non, non, pas vous, dit-elle avec un dédain peut-être involontaire; toute faible que je suis, vous paraissez aussi faible que moi. Soutenez-moi, mon neveu. Votre bras est robuste, à vous; vous pourrez être un ferme appui pour votre vieille tante!

De ce moment, Charles comprit quel

eût été son sort s'il se fût présenté à sa parente sous son véritable nom. Il n'avait pas d'illusion à se faire : dès le premier abord, il avait complétement déplu.

CHAPITRE VII.

VII

Quelques heures après, tout le monde était réuni dans une espèce de salle à manger, aussi nue et aussi délabrée que le reste de la maison.

Paul, encouragé par toutes les preuves de

bienveillance que lui donnait madame Bianchi, n'était plus aussi embarrassé de son rôle que dans les premiers moments de son arrivée. Il se livrait à toute sa gaieté et, comme il l'avait annoncé à son ami, il ne se gênait pas pour s'amuser en secret aux dépens de sa prétendue tante; seulement il interrogeait de temps en temps, du regard, le véritable Charles sur ce qu'il devait dire, et celui-ci trouvait le moyen de lui exprimer ses idées de la même manière.

Charles semblait véritablement mal à l'aise ; ses traits étaient pâles, et, soit fatigue, soit agitation morale, de temps en temps il frissonnait comme s'il avait la fièvre.

Madame Bianchi elle-même était plus grave et moins expansive que le matin, et elle semblait scruter avec attention chaque parole, chaque sentiment du faux Labeccio.

Enfin Thérésa et Césario étaient là aussi, Thérésa occupée exclusivement en apparence de servir les étrangers, Césario observant tout du bas bout de la table, où il était assis, avec cet air de sagacité et de défiance qui, dans ce moment, pouvait être de mauvais augure pour les deux jeunes amis.

Le dîner tirait à sa fin, et, bien que Paul eût paru beaucoup plus occupé de faire sa cour à madame Bianchi que de donner carrière à son riche appétit habituel, il ne semblait pas très-content du menu de ce repas, préparé cependant presque exclusivement pour lui.

Madame Bianchi, en effet, avait voulu que l'on servît à son neveu un dîner à la manière corse, et il faut convenir que ce repas n'était ni bien délicat ni bien varié. Excepté quelques viandes et quelques poissons accommodés d'une manière bizarre, il se composait de mets dont la fécule de châtaigne était toujours la base.

Ainsi, le pain (*pisticcine*), le potage, les entremets, les fritures (*fritelli*), les tourtes (*frandoline*), tout était de cette éternelle farine de châtaigne. Seulement, comme le véritable Charles semblait plus difficile que son compagnon, et comme madame Bianchi ne pouvait raisonnablement exiger d'un hôte étranger ce qu'elle exigeait de son parent, quelques plats accommodés à la manière ordinaire avaient été servis pour le *Parisien*, comme elle l'appelait, et le pauvre Duvert, en examinant du coin de l'œil certains morceaux appétissants qui restaient intacts sur l'assiette de son ami, eût bien désiré abdiquer pour un moment la parenté qui l'obligeait à de si pénibles sacrifices gastronomiques.

Sans doute Thérésa s'était aperçue de cette secrète répugnance, car au moment où l'on servait le dessert, dont la châtaigne faisait encore les plus grands frais, elle dit timidement à madame Bianchi :

— Me permettrez-vous de vous faire remarquer, ma bonne tante, que Charles ne paraît pas encore habitué à nos mets nationaux, et qu'il préférerait peut-être...

Le gourmand de Paul allait remercier avec chaleur sa prétendue cousine de cette obligeante observation, mais il cacha bien vite ses sentiments en voyant quel effet elle avait produit sur la vieille dame. Madame

Bianchi abandonna son assiette de *brilloli,* bouillie de châtaignes et de lait qui faisait presque sa seule nourriture, et elle dit en regardant sa pupille d'un air sévère :

— Taisez-vous, mademoiselle; Carlo, sans doute, n'est pas habitué à notre ordinaire corse, mais, s'il est réellement aussi enthousiaste qu'il le dit de nos goûts et de nos usages, ces mets doivent lui plaire parce que ce sont ceux de son pays natal. Du reste, il est le maître ici et il peut commander comme il l'entendra.

La pauvre jeune fille baissa la tête et parut prête à pleurer.

— Ne la grondez pas, ma tante, ne la grondez pas, je vous prie, dit Paul avec vivacité, car c'est moi seul qui ai tort. J'avouerai franchement que dans les premiers momens ce que je viens de manger m'a paru étrange, et ma cousine a bien pu s'en apercevoir ; mais votre dîner était excellent ; demain, j'en suis sûr, je m'habituerai à tous ces mets, et d'ailleurs, comme vous le dites, ce sont les mets nationaux de la Corse, de ma patrie, de ma véritable patrie, où tout est bien, où tout est bon, où tout est beau...

Madame Bianchi sourit d'un air satisfait.

— C'est là une admiration louable, Carlo, reprit-elle ; mais ce qui m'intéresse surtout, c'est de savoir si, dans cette France où vous avez vécu, vous avez réellement partagé les idées et les sentiments que l'on suce ici avec le lait.

La vieille dame s'arrêta afin de laisser à son neveu le temps de bien peser ces paroles, en même temps que son regard vif et pénétrant se fixait sur lui. Charles donna un coup de coude à son ami, comme pour l'avertir de prendre garde. Ainsi interpellé, Paul répondit avec une parfaite assurance qu'il ne savait trop ce que sa tante entendait par les idées et les sentiments particuliers à la Corse; que pour lui on lui avait toujours dit qu'il avait le caractère bien connu de ses compatriotes, et qu'il s'en ferait toujours gloire.

— Fort bien, mon garçon, dit la vieille en s'agitant sur son siége; mais vous ne comprenez pas bien encore; supposez, continua-t-elle en scindant ses paroles en petites phrases brèves, pendant que son regard restait toujours attaché sur les traits de Paul; supposez que nous en soyons encore au temps où la vengeance particulière, cette *vendetta* corse dont on parle tant en France, s'exerçait sans contrainte parmi nous ;... supposez qu'on ait injurié, assassiné un de vos parents ou même de vos alliés, et que l'adversaire dût rester impuni, qu'eussiez-vous fait, vous, en pareille circonstance ?

Un profond silence témoigna de l'attention de tous.

— Ce que j'eusse fait, dit Paul avec l'énergie nécessaire à son rôle, je me serais vengé moi-même. Car bien que j'aie été élevé loin de la Corse, ma tante, je n'en connais pas moins votre proverbe national: *Non siete uomo si non ne fate la vendetta* (1), et je m'en souviendrais dans l'occasion.

Rien ne pourrait peindre la joie qui

(1) Vous n'êtes pas homme si vous ne savez pas vous venger.

brilla sur le visage de madame Bianchi en entendant sortir de la bouche de son prétendu neveu ce proverbe que Paul n'avait appris que depuis le matin, et qui résumait tout ce qu'il savait de la langue corse. Elle bondit sur sa chaise.

— Vous êtes véritablement de mon sang, Carlo, dit-elle avec effusion, et je vois que vous n'avez rien de votre faible et timide mère. Mais pour en revenir à ce que nous disions tout à l'heure, supposez encore qu'une querelle vous survienne maintenant dans un pays asservi comme le nôtre à des lois sévères, mais impuissantes à réparer certaines flétrissures, qu'eussiez-vous fait, encore une fois.

— Je ne suis pas un grand légiste, répondit Paul avec un air d'insouciance affectée ;

mais si les lois étaient impuissantes pour laver mon injure, je saurais bien me venger sans m'inquiéter des lois et de ceux qui les appliquent.

— Courageux enfant! s'écria madame Bianchi avec enthousiasme; mais, reprit-elle en faisant un effort pour paraître très-calme, vous, élevé dans les villes, vous ne pourriez avoir ni la force ni l'habileté qu'il faut pour une vendette dans nos campagnes sauvages; vous ne savez pas...

— Je sais tirer un coup de fusil aussi bien que qui que ce soit. dit Paul avec orgueil, et je ne pense pas qu'un homme soit plus difficile à tuer qu'un perdreau quand on le tient à l'œil et quand la main ne tremble pas. Que diable! ma tante, je n'en suis pas venu à l'âge où je suis sans avoir eu quelques petites affaires; j'ai passé par trois duels qui en valaient bien d'autres, et je ne m'en suis pas trop mal tiré, je vous jure.

— Vous vous êtes battu en duel! répéta madame Bianchi hors d'elle-même; mais vous êtes véritablement un homme, Carlo, un homme fort, énergique, résolu, tel que je les aime! Cependant je frémis quand je songe que dans ces duels que vous avez affrontés, vous pouviez trouver la mort! A quoi songiez-vous donc en risquant ainsi votre vie pour des fadaises de jeunes gens, tandis qu'ici vous étiez attendu avec tant d'impatience! Mais je serais morte moi-même de douleur, mon Carlo bien-aimé, si vous aviez quitté le monde sans que je vous eusse vu près de moi!... Vous ne sentez pas, vous ne pouvez pas sentir combien je suis heureuse!

Et en effet, la vieille dame s'appuya sur la table, à demi évanouie par suite des émotions diverses dont elle était accablée. Thérésa voulut la secourir, mais madame Bianchi la repoussa doucement.

— L'instant est favorable. dit Charles à l'oreille de son ami, maintenant parlez-lui de mon père.

Paul fit un signe d'assentiment, mais au moment où il allait entamer cette importante négociation, madame Bianchi se redressa vivement; ses traits avaient repris leur calme ordinaire.

— A quoi bon hésiter davantage? dit-elle d'une voix ferme; Carlo, vous avez dépassé toutes mes espérances! J'avais adressé à votre père des reproches qu'il n'avait pas mérités et que je tiens à réparer; votre voyage aura tout le succès que vous en attendiez. La lettre que voici et qui partira demain matin est adressée à mon banquier d'Ajaccio ; elle contient l'ordre d'envoyer immédiatement à mon frère, non pas une somme de soixante mille francs dont il a rigoureusement besoin, mais une somme de quatre-vingt mille ; le surplus est un cadeau que vous faites à votre père.

Paul resta tout abasourdi.

Charles, que ce succès subit et inespéré touchait plus vivement, ne put retenir un cri de joie et se leva debout comme par un mouvement involontaire.

Mais madame Bianchi ne remarqua pas cette circonstance, et au moment où Paul, revenu enfin de sa première surprise, commençait à lui exprimer sa gratitude d'une manière convenable, après avoir pressé furtivement la main de son ami :

— Attendez, reprit madame Bianchi, je n'ai pas tout dit encore, et d'ailleurs, j'aurai des conditions à vous proposer. Non, je n'ai pas tout dit, mon neveu, car je crois que je puis réaliser dès à présent un rêve qui a toujours été mon rêve favori. Carlo, que pensez-vous de votre cousine Thérésa ?

Paul fut réellement désarçonné par cette question à brûle-pourpoint. Il balbutia d'un air embarrassé que mademoiselle Thérésa était une jeune personne charmante et que s'il ne craignait pas de blesser sa modestie...

— Mon neveu, reprit la vieille dame d'un ton sec, vous avez dû vous apercevoir que je n'aimais guère les phrases et les compliments. D'ailleurs le temps nous presse, et nous n'avons pas un moment à perdre en grimaces et en petits ménagements... Carlo, consentiriez-vous à épouser ma nièce Thérésa, l'héritière de tous mes biens ?

CHAPITRE VIII.

VIII

Cette question, faite en présence de celle qui en était l'objet à un jeune homme qui ne connaissait Thérésa que depuis quelques heures, était si étrange, si extraordinaire, compliquée surtout par la position particulière de Paul Duvert, que le pauvre garçon resta comme frappé de la foudre. Le jeune Labeccio lui-même était dans un état d'agitation impossible à décrire. Thérésa se cachait le visage avec ses deux mains.

—Ma tante, dit Paul dans une mortelle angoisse, j'apprécie certainement le bonheur... je ne sais si je dois.... je ne sais si mademoiselle Thérésa elle-même...

Et il resta court au milieu de sa phrase. Madame Bianchi sourit :

— Je comprends, reprit-elle ; vous voulez être sûr à l'avance que je ne force pas la volonté de ma pupille ; eh bien, elle est ici présente, qu'elle parle librement. Voyons, Thérésa, votre cousin est un jeune homme ouvert et franc qu'on n'a pas besoin d'étudier longtemps pour le connaître ; croyez-vous que vous pourriez être heureuse avec lui et consentiriez-vous à être sa femme?

—Mais, ma bonne tante, permettez-moi...

— Je ne vous permettrai, dit la tante avec autorité, que de répondre un mot, oui ou non?

Thérésa hésita une seconde, peut-être pour la forme; puis elle prononça un *oui* si faible qu'on l'entendit à peine.

— C'est bien, dit madame Bianchi d'un air triomphant en se tournant vers Paul; maintenant à votre tour, Carlo : voulez-vous de Thérésa pour votre femme? C'est une bonne créature et qui, comme vous le voyez, n'est pas à mépriser; d'ailleurs, en vous mariant je vous donnerai toute ma fortune, quarante bons mille francs de rente et peut-être plus. Moi, je ne demande qu'à passer ici le reste de mes jours pour gérer vos biens et les faire prospérer comme par le passé; ainsi ma fortune ne sera pas morcelée, elle vous appartiendra à tous les deux... Voyons, Carlo, parlez. Songez que votre cousine va prendre votre silence pour une injure!

Certes, jamais un honnête jeune homme ne s'était trouvé dans une situation aussi embarrassante que Paul Duvert.

On lui jetait à la tête une jolie femme qu'il aimait déjà et à qui il ne déplaisait pas, une fortune immense à laquelle il n'eût cru jamais pouvoir prétendre, et cependant il ne lui était pas permis d'accepter sous un nom supposé tant de magnifiques avantages.

Il rougissait et pâlissait tour à tour, s'essuyait le front couvert de sueur, et regardait son ami, qui était aussi embarrassé et aussi ému que lui.

— Ma tante, reprit-il sans songer à ce qu'il disait, le bonheur que vous me proposez est si grand...

— Acceptez-vous, oui ou non?

— Acceptez, murmura Charles tout bas avec un violent effort.

— Eh bien, oui, s'écria Paul tout étonné lui-même de son audace, mais j'espère...

— N'ajoutez rien, dit l'impérieuse tante; Carlo, embrassez votre cousine: mes enfants, vous êtes fiancés.

Paul se leva pour obéir à cette invitation qui ressemblait à un ordre, mais la tête lui tournait et il chancelait comme un homme ivre. Tout ce qui venait de se passer avait été si subit, si rapide, si imprévu, qu'il se croyait le jouet d'un rêve.

L'autorité qu'exerçait madame Bianchi était si puissante, si irrésistible, qu'il avait dû suivre presque fatalement l'impulsion qui lui avait été donnée.

De son côté, Charles Labeccio semblait avoir été tiré par une violente décharge électrique de l'abattement morne et douloureux qui l'accablait depuis son arrivée à Casabella ; une vive rougeur couvrait ses joues, si pâles un moment auparavant ; ses yeux avaient une animation extraordinaire, et il semblait qu'au-dedans de lui-même se fussent agités des sentiments tumultueux qui demandaient à se faire jour au dehors.

Enfin, le grec Césario semblait lui-même plus intéressé qu'on n'eût pu le croire à ce brusque dénoûment, et sur ses traits mobiles on devinait autant d'inquiétude et de colère que d'étonnement.

Madame Bianchi regarda d'un air de satisfaction les deux jeunes gens se donner un baiser cérémonieux, et seulement alors elle parut remarquer l'impression profonde que cette scène avait produite sur les assistants. Elle examina chacun d'eux en particulier et elle reprit bientôt d'un ton plus gai, au milieu d'un silence embarrassé qui régnait dans la salle :

— Convenez, mon neveu, que je dois vous paraître bien bizarre! et si votre ami, M. le Parisien (c'est ainsi qu'elle s'obstinait à nommer le véritable Labeccio), voulait nous faire part de son opinion à ce sujet, je suis sûre qu'il jugerait bien sévèrement un pareil mépris des convenances?

—Croyez, madame, que je ne me permettrais pas...

— Eh! mon Dieu! reprit madame Bianchi d'un ton légèrement ironique, ne vous en défendez pas. Soyez sûr cependant que j'ai des raisons particulières pour agir comme j'ai agi; demain matin, je l'espère, mon neveu aura l'explication de toute ma conduite. En attendant, je n'ai fait que des promesses; la lettre de change à l'ordre de mon frère n'est pas encore partie, le mariage n'est pas encore conclu et je n'ai pas signé encore le contrat de cession de tous mes biens... Il s'agit de savoir maintenant si mon neveu croira devoir accepter les conditions que je mettrai à l'exécution de mes promesses.

— Ma tante, dit Paul avec moins de chaleur peut-être que ne l'eussent exigé les circonstances, je ne crains pas de m'engager...

—Paix, paix, jeune homme, dit la vieille dame avec autorité, je ne veux pas surprendre votre parole, quoique votre caractère me fasse déjà espérer que je vous trouverai suivant mes volontés. Mais attendons à demain. Maintenant il faut que je retourne dans ma chambre terminer une importante affaire dont la solution vous intéresse. Votre bras, Thérésa ; Carlo, soutenez-moi de ce côté jusqu'à ce que j'aie regagné mon fauteuil... Césario, j'aurai besoin de vous dans un moment.

Et la vieille dame, après avoir adressé à l'étranger un salut froid mais poli, s'éloigna appuyée sur Thérésa et sur son prétendu neveu.

Un moment après, lorsque Paul entra dans la chambre commune, où l'avait déjà précédé son ami afin qu'ils pussent se concerter ensemble sur la nécessité actuelle, il trouva Charles à demi renversé sur son lit et versant un déluge de larmes.

— Eh bien, mon ami pourquoi pleurer ? demanda Paul avec intérêt ; comment ! vous vous désolez ainsi quand tout va si bien pour vous et quand il n'y a d'embarras que pour moi !

Charles continua de sangloter sans répondre.

— Mais enfin, demanda l'excellent jeune homme, expliquez-moi...

Labeccio mit sa main brûlante et agitée par un tremblement convulsif dans la main de Paul.

— Vous voulez le savoir, ami, dit-il d'une voix basse et saccadée; eh bien, l'affection que vous témoigne Thérésa... ces familiarités... je suis jaloux.

Paul fit un bond au milieu de la chambre, se raidit sur ses jambes, et enfonçant brusquement ses mains dans ses poches, il dit avec une sorte de désespoir comique :

— Eh bien, sapristie, il ne manquait plus que cela! Comment me tirer à présent d'un pareil gâchis! A tous les diables la Corse, ses habitants, ses tantes et ses ragoûts! c'est à en perdre la tête!

CHAPITRE IX.

IX

Le lendemain matin, au moment où le soleil commençait à se montrer au-dessus de l'horizon, Paul Duvert, en costume simple et un fusil à la main, gravissait une des collines qui entouraient de toutes parts la vallée de Casabella ; une brise de mer qui venait de s'élever chassait vers l'intérieur de l'île les brouillards épais et malsains formés dans les plaines basses et marécageuses, et ils tourbillonnaient le long des pentes, interceptant tout à fait par intervalles les rayons du soleil levant.

Cependant le paysage ne manquait ni de beauté ni d'animation, et si Paul, comme pouvaient le faire supposer sa démarche incertaine et l'arme qu'il avait sur l'épaule, était venu dans l'intention de chasser, le gibier ne manquait pas dans ces montagnes boisées et couvertes de bruyères.

L'appel des jeunes perdreaux se faisait entendre dans diverses directions ; des faisans chantaient çà et là au sommet des grands chênes où ils avaient passé la nuit, et quelques-uns de ces merles si renommés de la Corse, déjà rassasiés de baies de genièvre, descendaient en sifflant vers les ruisseaux qui leur servaient d'abreuvoir dans la vallée.

Mais Paul restait entièrement indifférent à ces bruits divers qui, dans toute autre circonstance, eussent immanquablement éveillé son instinct de chasseur.

Il n'avait eu d'autre but, en effet, en sortant si matin, que de rafraîchir un peu son sang brûlé par une nuit d'insomnie, et de rêver en liberté à l'étrange position dans laquelle il se trouvait.

Aussi, il marchait au hasard sans s'inquiéter s'il revenait sur ses pas, et tout en marchant, ses traits contractés et les gestes d'impatience qui lui échappaient par moments prouvaient que son esprit ne restait pas inactif.

— Allons, murmurait-il entre ses dents, je suis pris par le nez comme un blaireau, et du diable si je sais comment me tirer de là. Aussi j'avais bien besoin de me mêler des affaires de ce marmouset de Corse ! Jusqu'ici il a eu tout le profit et moi toute la peine. Pendant qu'il mangeait un délicieux poulet, j'étais obligé de me bourrer de ces affreux gâteaux de châtaignes, et pendant qu'il restait tranquille, j'étais obligé de frotter mon visage contre cette face de momie de la vieille.

Il est vrai qu'il est fort agréable de se trouver l'intime ami d'une charmante personne... C'est qu'elle est adorable, comme on dit, et je crois que vraiment j'en suis amoureux ! Et puis je n'ai pas l'air de lui déplaire non plus; je ne trouverais jamais en France une aussi jolie femme et une aussi jolie dot, quarante mille francs de rente en biens fonds, des yeux et des cheveux noirs... Au diable! c'est que je ne m'appelle pas Charles Labeccio!

En même temps il doubla le pas, comme s'il eût voulu échapper à une pensée poignante.

— Oui, continua-t-il au bout d'un moment de silence, je ne suis que Paul Duvert, et le véritable Charles Labeccio n'a pas l'air disposé à céder sa part en ce qui concerne cette jolie Thérésa... Allons, n'y pensons plus : on s'arrangera comme on pourra. Quant à moi, je profiterai de la première occasion pour décamper.

Que ce jeune asthmatique fasse ses affaires à sa guise ! Après tout, cela ne me regarde pas, moi ; cependant je ne serais pas fâché de savoir si cette jeune fille m'aime véritablement. Qui sait ! Hier au soir elle était d'une gaieté charmante ; elle ne s'est pas trop fait prier pour accorder son consentement ; et ses innocentes familiarités avec moi... Allons ! allons ! ne pensons plus à cela ; elle me croit son cousin, et si elle venait à savoir la vérité... D'ailleurs, quand elle aurait réellement quelque affection pour moi, à quoi cela servirait-il ? Nous ne pouvons être unis.... Bah ! n'y pensons plus, n'y pensons plus !

Et il se mit à siffloter entre ses dents, comme il l'avait fait la veille dans une circonstance analogue.

Cependant il était redescendu sans s'en douter vers la vallée ; le brouillard qui s'y accumulait et que le soleil n'avait pu pénétrer encore l'empêchait d'apercevoir où il était.

Il continuait d'avancer en sifflotant toujours et en foulant bruyamment les fougères, lorsqu'un bruit sourd et pourtant familier à son oreille exercée vint l'arrêter court : c'était un lièvre qui venait de partir presque à ses pieds. Paul, par un geste tout machinal, porta le fusil à l'épaule ; le coup partit, et le lièvre fut *roulé*, comme dirait le *Journal des Chasseurs*.

Paul ne parut ni content ni fier de cet exploit, et il s'avançait lentement pour s'emparer du prix de son adresse lorsqu'une voix fraîche et rieuse se fit entendre auprès de lui :

— Bravo, monsieur Charles ! s'écriait-on,

bien tiré pour un Parisien. Voilà de l'ouvrage pour Genoveva, la cuisinière corse dont vous avez si bien appriécié le talent hier à dîner.

Paul se retourna vivement.

La personne qui, tout en exaltant son adresse, venait de lui décocher une épigramme sur son mauvais repas de la veille, n'était autre que Thérésa Bianchi.

Elle avait le même costume que la journée précédente; seulement, pour se préserver de l'air froid du matin, elle avait relevé sur sa tête son mantelet noir, et son visage, encadré dans les plis de l'étoffe, avait une expression joyeuse et railleuse à la fois, qui rendait la jeune fille plus belle et plus attrayante que jamais.

Les réflexions que Paul venait de faire

sur sa position dans la famille Bianchi étaient trop récentes pour qu'il ne comprît pas le danger d'un tête-à-tête en un pareil moment, avec une jeune fille sans défiance qui croyait devoir le considérer déjà comme son futur mari; aussi fut-il sur le point de s'enfuir.

Une pensée de politesse et peut-être un irrésistible sentiment le retinrent; mais il se réfugia dans une sévérité grondeuse qui ne lui était pas ordinaire, et il dit d'un ton d'humeur :

— Quoi! vous étiez ici, mademoiselle, seule, dans ce lieu désert? Je tremble quand je songe que, si par malheur j'avais dirigé mon fusil de votre côté, je pouvais, au milieu de ce brouillard, vous blesser... vous tuer peut-être! En vérité, il y avait de l'imprudence à vous trouver si près d'un chasseur sans qu'il le sût!

La jeune fille le regarda d'un air d'étonnement mêlé de chagrin; puis elle répondit avec timidité :

— La brume vous empêche sans doute de voir, monsieur Charles, que nous sommes à quelques pas seulement de la maison de ma tante, et que par conséquent l'endroit où nous nous trouvons n'est pas désert. Je viens de la ferme là-bas où logent les ouvriers, et j'ai été donner les ordres pour le travail de la journée; Césario est parti avant le jour, pour remplir une mission très-pressée dont l'a chargé ma tante, et j'ai dû faire cette besogne, qui est la sienne d'ordinaire. En revenant, votre coup de fusil a attiré mon attention, et je me suis approchée pour vous demander si vous étiez rétabli des fatigues de votre voyage ; il n'y avait rien là qui dût exciter votre colère et m'attirer vos reproches...

En achevant ces mots, la jeune fille avait presque les larmes aux yeux, et le bon Paul se reprocha amèrement son essai de dureté.

— De la colère, des reproches, Thérésa! dit-il avec regret ; avez-vous si mal compris le sentiment que j'éprouve en songeant à la possibilité d'un accident terrible...

— Allons ! ne parlons plus de cela, puisque vous vous repentez, dit la jeune fille en souriant ; mais à mon tour, Charles, savez-vous que j'aurais le droit de vous gronder de sortir ainsi le matin par cet affreux brouillard? ignorez-vous que lorsqu'on n'est pas acclimaté, ces vapeurs malsaines qui s'élèvent de nos marais peuvent donner des maladies graves à ceux qui s'y exposent sans précaution?

Paul ne l'écoutait pas; appuyé sur son fusil, il restait absorbé dans une profonde rêverie. Enfin, se déterminant brusquement, il prit la main de Thérésa et lui dit d'un air grave, en l'engageant à s'asseoir avec lui sur la racine saillante d'un châtaignier :

— Puisque le hasard nous a réunis, mademoiselle, permettez-moi d'avoir avec vous un moment d'entretien; la situation où nous nous trouvons tous les deux me donne le droit de solliciter cette faveur...

— N'êtes-vous pas mon fiancé, Charles? demanda la naïve enfant en s'asseyant à la place désignée sans se faire prier.

— Sans doute, Thérésa, dit le faux Labeccio avec trouble ; mais avant de me laisser aller à la joie que me donnent de telles espérances, je désire m'assurer mieux que je n'ai pu le faire hier que de votre côté aucune répugnance, aucun engagement antérieur... Enfin, parlez-moi avec franchise, Thérésa, croyez-vous que vous pourriez m'aimer ?

La jeune fille détourna la tête et rougit ; cependant elle répondit avec une simplicité pleine de grâce :

— Mon cousin, j'obéirai sans regret aux ordres de ma tante, de ma seconde mère.

— Sans regret ! répéta Paul, qui feignait de ne pas comprendre ; cela ne suffit pas, Thérésa.

Mademoiselle Bianchi se tut, et ce silence

valait à lui seul un aveu ; mais telle était la position de Paul qu'il regrettait presque de donner à ce silence sa signification véritable.

Aussi reprit-il avec embarras qu'il craignait que la volonté un peu tyrannique de leur tante commune n'eût produit sur Thérésa un effet opposé à celui qu'on en attendait; et que dans ce cas il conjurait sa cousine de lui dire franchement si elle n'éprouvait pas pour lui quelque répugnance secrète.

Ainsi pressée, la jeune fille souriait, balbutiait. se cachait le visage, et enfin quand il eut fini, elle oublia sa main dans celle de Paul et lui dit avec abandon :

— Eh bien, Charles, puisque vous le voulez. je vous rassurerai tout à fait sur les craintes que vous exprimez. Ne croyez pas que vous m'ayez été inconnu avant le jour de votre arrivée ici, et que l'idée du mariage qui est sur le point de se conclure soit aussi nouvelle pour moi que pour vous. Depuis que j'ai quitté le pensionnat où j'ai été élevée à Ajaccio, ma tante m'a répété bien des fois que j'avais en France un cousin jeune, riche, doué de brillantes qualités, et que je devais me considérer comme devant être un jour sa femme... Je me suis habituée à cette pensée, et, lorsque je vous ai vu hier, je n'ai été ni intimidée ni surprise; il me semblait que vous étiez déjà pour moi une ancienne connaissance. Lorsque ma tante nous a fiancés si brusquement, malgré mon émotion, je vous avouerai que je m'attendais à ce qui est arrivé. Enfin, mon cousin, quand nous serons unis, je vous aimerai et je serai heureuse, parce qu'il m'a toujours semblé qu'il était naturel qu'il en fût ainsi.

Certes, la naïveté de cette enfant était bien embarrassante pour le pauvre Paul Duvert. Aussi dans une sorte de désespoir va-t-il essayer de se déprécier lui-même.

CHAPITRE X.

X

— Thérésa, reprit-il en s'essuyant le front couvert de sueur, ces aveux me prouvent que vous êtes la plus indulgente et la plus docile jeune fille de la Corse; mais n'avez-vous pas songé aussi que je pouvais ne pas être doué de toutes ces qualités qu'on m'a données lorsqu'on vous a parlé de moi?

— Oh! ne vous plaignez pas, dit gaiement mademoiselle Bianchi, le portrait n'était pas très-flatté, allez!

— Écoutez, Thérésa, je ne veux pas vous tromper et je ne veux pas que vous puissiez vous repentir plus tard de m'avoir confié le soin de votre bonheur. On ne vous a pas dit, peut-être, que j'étais violent, emporté...

— Le sort d'une femme n'est-il pas d'obéir et de se taire?

— Vous n'avez pas remarqué peut-être, continua Paul en s'excitant intérieurement à son œuvre d'humilité, que mes manières n'étaient pas celles d'un homme du monde, que j'étais brusque, un peu sauvage...

— Élevée moi-même dans cette campagne, dit ingénument Thérésa, qui attribuait les paroles du prétendu Charles à une délicatesse excessive peut-être, je ne puis juger de ce que vous appelez les manières du monde; vous avez la politesse naturelle, qui, je le crois, vaut bien mieux.

Paul avait épuisé tout son courage, et il lui en avait fallu pour se montrer sous un jour défavorable à celle qu'il aimait; il semblait à bout d'objections. Thérésa reprit d'un ton affectueux :

— Écoutez, cousin Charles, ne vous essayez pas ainsi à m'exagérer, par un excès de conscience, les défauts que vous pouvez avoir; je dois maintenant être votre femme, nous sommes fiancés, et dans le pays où nous sommes, ce mariage ne pourrait manquer désormais sans que je fusse déshonorée. Ne vous faites donc pas par une fausse modestie plus imparfait que vous n'êtes ; car si les projets de ma tante à votre égard n'avaient pu s'accomplir, l'époux qu'on m'aurait donné m'eût offert beaucoup moins de garanties que vous. Vous ne savez donc pas que vous aviez un rival même avant que vous m'eussiez connue ?

— Un rival ! s'écria Paul en bondissant.

Il comprenait bien que cette jolie Thérésa ne pût être à lui, mais il ne voulait pas qu'elle fût à un autre.

— Oh ! comme vous prenez feu ! dit la jeune fille en plaisantant ; dans la nomenclature de vos défauts je vois que vous avez oublié de placer la jalousie. Mais rassurez-vous, ce rival m'est aussi odieux qu'à vous-même ; c'est cet intendant qui s'est glissé comme un serpent dans notre famille, c'est Césario.

— Comment ! ce misérable paysan aurait osé aspirer...

— Que voulez-vous ! il est le favori de ma tante ; elle ne peut se passer de lui, et il s'est emparé de son esprit autant par son astuce que par ses services. Pendant le temps que votre père et madame Bianchi étaient en querelle, cet homme s'est cru le droit d'aspirer à ma main. Je ne sais si ma tante a encouragé ses prétentions ; quant à moi, je l'ai toujours traité avec le mépris qu'il m'inspire. Mais que puis-je faire ? je dois tout à ma tante ; j'étais orpheline, sans fortune, c'est elle qui m'a tenu lieu de mère, et si elle l'eût exigé, malgré ma répugnance, il aurait bien fallu obéir !

— Mais je ne le souffrirai pas! s'écria Paul hors de lui.

— Aussi vous avez pu voir avec quelle colère et quelle haine à peine contenue il a vu votre arrivée et les arrangements pris par madame Bianchi. Déjà, à l'époque où l'on hésitait encore à vous envoyer ici, Césario avait jeté je ne sais quels soupçons dans l'esprit de ma tante sur la bonne foi de votre père. Heureusement madame Bianchi n'en a rien cru, et votre présence a dissipé toutes ses craintes; car, à en juger par son inquiétude au moment de votre arrivée, je suppose qu'elle commençait à en avoir de sérieuses. Enfin, Charles, vous et moi nous avons profondément blessé cet homme qui, sous son apparence humble et soumise, ne pardonne jamais une offense, et vous

pouvez être sûr que nous avons déjà en lui
un ennemi mortel. Je ne sais même pas si,
au moment où je vous parle, il n'est pas
occupé à machiner quelque intrigue pour
traverser nos projets. Hier au soir je lui ai
trouvé l'air plus faux et plus railleur qu'à
l'ordinaire.

— Que nous importe! dit Paul d'un air
dédaigneux; malheureusement je crains à
ces projets des obstacles plus sérieux que
ceux que pourra leur susciter ce Césario.

La jeune fille se pinça les lèvres d'un air
piqué.

— Monsieur Charles Labeccio voudrait-
il me faire entendre que ces obstacles viendront de lui ?

— Ne le croyez pas, Thérésa, ne le croyez
pas! s'écria Paul avec vivacité et comme en-

traîné malgré lui; Dieu m'est témoin que pour mériter le bonheur d'être votre époux je n'hésiterais pas à m'exposer aux plus grands dangers... Je voulais vous dire seulement que peut-être des hasards imprévus, des impossibilités...

— Que voulez-vous dire? expliquez-vous, monsieur! dit la jeune fille en se levant avec une noble fierté.

Duvert n'eut pas le courage de laisser échapper l'aveu qui un moment était venu sur ses lèvres.

— Vous ne me comprenez pas, Thérésa, dit-il en balbutiant. Je voulais faire allusion aux conditions que madame Bianchi met à ce mariage et dont elle doit me faire part aujourd'hui même... Je ne sais si dans ce qu'elle va me proposer il ne se trouvera pas quelque insurmontable difficulté...

— Vous êtes bien prompt à la prévoir, dit la jeune fille du même ton qu'auparavant; ma tante ne m'a pas fait part de ses secrets, mais toute bizarre qu'elle soit par moments, je suppose qu'elle n'a pas mis ma main à un prix qu'un homme d'honneur puisse refuser; j'imagine qu'elle imposera au futur époux de sa nièce la condition de venir passer chaque année quelques mois dans ce pays auprès d'elle, ou toute autre obligation qui pourra déplaire à un jeune homme né en France et habitué à la vie mondaine du continent. Mais je vois où vous espériez en venir, monsieur Charles, en me retenant ici, et je comprends maintenant les aveux que j'attribuais tout à l'heure à votre modestie:

vous voulez en réalité chercher un motif, une occasion favorable de rendre nuls des projets dont vous désirez en apparence l'accomplissement avec tant d'ardeur ; vous comptez que ma tante ou moi nous vous fournirons l'occasion de dégager une parole qui vous a été surprise... Oui, monsieur, je vois clairement où tendent vos paroles, et j'aurais dû savoir qu'une simple fille de campagne telle que moi était trop peu de chose pour mériter l'attention...

—De grâce, Thérésa ! ne m'accablez pas, dit le pauvre garçon, sans oser nier ce qu'on lui reprochait.

— Je regrette seulement, monsieur, reprit la jeune fille en fondant en larmes, qu'hier vous n'ayez pas eu la confiance de dire à notre tante qu'un engagement antérieur, que quelque jolie personne des salons de Paris...

L'épreuve était trop forte, Paul ne sut pas y résister.

— Eh bien, arrive que pourra! s'écria-t-il d'un ton résolu. Thérésa, ne me demandez pas les raisons de ma singulière conduite, mais je vous aime, je n'ai jamais aimé que vous et je vous aimerai toute ma vie. Si vous le voulez, rien ne pourra plus nous séparer. Pour vous obtenir, j'affronterai tout, je braverai tout, car je vous aime, je vous aime !

Et en même temps il soutint dans ses bras mademoiselle Bianchi, qui était sur le point de s'évanouir. Cet élan avait été électrique, et elle ne doutait plus ; l'heureux Paul voulut prendre sur son visage baigné de pleurs un gage de réconciliation, et la jeune fille ne songeait pas à s'en défendre. Au moment où il approchait ses lèvres des joues roses de Thérésa, plusieurs voix se firent entendre à quelques pas.

— Le voici, le voici! disait-on en italien.

La jeune fille repoussa brusquement son fiancé, et elle murmura avec inquiétude :

— Mon Dieu, on nous a vus!

CHAPITRE XI.

IX

XI

Paul se retourna vivement pour connaître les importuns qui venaient déranger ce tête-à-tête, et il vit à quelques pas seulement de lui le grec Césario. Il était accompagné de trois autres paysans employés à l'exploitation des propriétés, et, grâce au brouillard aussi bien peut-être qu'à la préoccupation des deux jeunes gens, il s'était approché à portée d'entendre ce qu'ils avaient dit, sans attirer leur attention. Il s'était arrêté à quelques pas et les observait avec une singulière expression de méchanceté et de colère, pendant que ceux qui l'accompagnaient semblaient se communiquer à voix basse leurs observations sur ce qu'ils venaient de voir. Thérésa, pour cacher sa confusion, se baissa et ramassa le lièvre qui était resté à ses pieds ; mais Paul, beaucoup moins patient, s'avança fièrement au-devant de Césario, et le regardant en face :

— Ah çà, l'ami, lui dit-il d'une grosse voix, j'espère que vous ne continuerez pas longtemps à m'espionner ainsi ! Depuis que je suis arrivé chez ma tante, je ne vois que vous sur mes talons, et vos oreilles sont toujours ouvertes pour recueillir mes paroles. Je n'aime pas cela, retenez-le bien ; et si vous ne comprenez pas parfaitement le français, je me charge de vous traduire mes paroles dans une langue commune à tous les pays...

En même temps il porta sous le nez de l'intendant un poing vigoureux dont Césario eût été fort embarrassé de montrer l'égal. Mais le Grec ne se laissa nullement intimider par cette démonstration menaçante : il resta immobile et sourit de l'air dédaigneux d'un homme qui est sûr de prendre prochainement sa revanche de l'injure qu'il reçoit ; puis, s'inclinant respectueusement, il dit de sa voix doucereuse :

— Que mon jeune maître excuse son pauvre serviteur; je ne suis pas venu pour le déranger ou pour surprendre ses secrets; mais madame Bianchi, ma respectable maîtresse, nous a donné ordre de vous chercher pour vous prier d'aller la rejoindre sur-le-champ à la maison : il s'agit d'une affaire de la plus haute importance ; c'est pour cela que je me suis permis...

— C'est bon, dit Paul en tournant le dos sans façon à l'intendant, je vous remercie, je vais me rendre à l'invitation de ma tante.

Puis, s'adressant à Thérésa :

— Il s'agit sans doute de l'explication promise pour aujourd'hui, continua-t-il ; ma chère cousine, voulez-vous m'accompagner jusqu'à la maison ?

Thérésa prit le bras qu'on lui offrait, et

après qu'elle eut donné l'ordre à un des paysans qui avaient suivi Césario de se charger du gibier de Paul, on se mit en marche vers l'habitation. La jeune fille semblait inquiète et mal à l'aise ; elle voyait les Corses qui la suivaient à quelques pas chuchoter en la regardant, et Césario avait échangé avec eux quelques paroles qui sans doute aussi la concernaient. Il faudrait, pour bien comprendre l'émotion de Thérésa, savoir combien les mœurs sont pures dans les campagnes de la Corse, et combien il faut peu de chose dans ce pays étrange pour attirer sur une jeune fille une tache ineffaçable. Il était évident que l'innocent baiser que Paul avait donné à Thérésa était aux yeux des puritains montagnards un crime qui, avec la circonstance aggravante de la solitude, paraissait irrémissible. Thérésa voulut prévenir l'effet d'un rapport amplifié dans le voisinage, et elle dit à voix haute à Césario, qui marchait en silence à côté d'elle :

— J'espère, Césario, que ni vous ni personne (et elle se tourna vers les autres Corses) n'aura trouvé rien de répréhensible dans la rencontre qui a eu lieu ce matin entre M. Charles et moi ? Il est mon parent, il est mon fiancé, et bientôt il sera mon mari...

— Il ne l'est pas encore ! dit Césario d'un ton ironique en jetant un regard d'intelligence à ceux qui l'accompagnaient.

— Que dites-vous, insolent ! demanda Paul avec hauteur ; est-ce que vous douteriez...

— Je ne doute pas, monsieur, répondit

Césario lentement et sans lever les yeux sur lui ; je dis seulement qu'une jeune fille de nos montagnes doit toujours conserver une grande réserve, même vis-à-vis de son fiancé ; car enfin, le fiancé peut mourir avant le mariage...

Ce mot *mourir* avait été prononcé avec une intonation si particulière qu'il frappa vivement Thérésa. Elle ne put s'empêcher de frissonner en pressant légèrement le bras de son cavalier ; Paul lui-même tressaillit.

— Mourir ! répéta-t-il en regardant fixement Césario ; que voulez-vous dire, monsieur l'intendant ? En serions-nous là ! Est-ce que déjà j'aurais à craindre un coup d'escopette ou de stylet corse ? Je sais qu'on est très-chatouilleux dans ce pays-ci, et ma présence dérange assez les projets de certaines personnes pour que je doive m'attendre à tout le mal qu'on pourra me faire... Mais qu'on y songe bien ; je suis homme à me défendre, et dans le cas où l'on me manquerait, je saurais à qui m'en prendre !

Suivant son habitude, Césario ne parut nullement ému de cette menace indirecte ; seulement il sembla jouir un moment de l'effet de ses paroles perfides sur les deux jeunes gens, puis il reprit avec tranquillité.

— Mon jeune maître se trompe sur le sens de mes paroles ; qui pourrait tendre un piége au dernier rejeton de l'illustre famille des Labeccio? Je voulais dire seulement que nous sommes tous mortels et que la mort prend aussi bien le jeune fiancé qui va à l'église en habit de fête, au milieu de ses amis, que le pauvre vieillard seul et sans enfants dans sa chaumière. Mais nous voici arrivés ; veuillez me suivre, monsieur Charles ; madame m'a chargé de vous conduire près d'elle.

En effet, on était arrivé à la maison, et l'on entendait déjà glapir, à l'étage supérieur, la voix aigre et désagréable de madame Bianchi. Thérésa allait suivre Paul et l'intendant, lorsque Césario la retint :

— Mademoiselle, dit-il, ma chère maîtresse désire voir M. Carlo seul, et elle m'a expressément défendu de laisser entrer qui que ce soit dans sa chambre tant qu'elle causera avec lui.

Thérésa, habituée à l'obéissance, revint aussitôt sur ses pas.

— Bon succès, Charles, murmura-t-elle à l'oreille de son prétendu cousin ; n'irritez pas notre tante.

En même temps, elle entra dans une pièce du rez-de-chaussée pour attendre la fin de cette entrevue, dont le résultat devait l'intéresser si vivement.

Cependant, Paul était resté au bas de l'escalier, fort embarrassé d'une défense qui devait le mettre seul en face de madame Bianchi.

— Écoutez-moi, monsieur l'intendant, dit-il d'un ton plus poli qu'à l'ordinaire, dans la grave conférence que je vais avoir avec ma tante j'aurai sans doute besoin d'un conseiller et d'un ami... M. Paul Duvert, cet excellent jeune homme qui m'a accompagné jusqu'ici, a toute ma confiance et je le consulte dans toutes mes affaires quelles qu'elles soient... Je suis un peu étourdi, un peu léger, vous comprenez? Je désire donc qu'il assiste à cette entrevue, et je pense que ma tante ne s'en fâchera pas.

— Madame désire expressément vous voir seul; d'ailleurs vous savez bien que votre ami ne peut quitter sa chambre.

— Pourquoi cela?

— Vous êtes sorti de trop bonne heure pour savoir qu'il a une fièvre violente et dangereuse qui l'empêche de sortir du lit.

— Miséricorde! Cela est-il bien sûr?

— Je suis allé prévenir le médecin ce matin en me rendant... chez quelqu'un; le docteur était là encore au moment où je suis sorti pour vous chercher. Il a dit à madame que le jeune homme n'étant pas acclimaté, avait gagné la fièvre, et que, si l'on n'y prenait garde, la maladie pouvait être longue et dangereuse...

— Il choisit bien son temps pour être malade ! s'écria Paul, que cet événement accablait.

— Que voulez-vous ! dit Césario avec une intention secrète ; l'air de ce pays ne lui convient pas comme à vous qui respirez l'air natal.

— L'air natal ! répéta Paul tout pensif ; je veux être pendu si je crois désormais à ses facultés curatives ! Que diable vais-je dire à cette vieille ? Allons ! je ferai pour le mieux ; mais il faut être prudent maintenant que je suis seul en face de tant d'embarras et peut-être de dangers.

Puis, levant le doigt d'un air menaçant :

— Prends garde à toi, Césario, dit-il à voix basse, tu sais peut-être plus de mes secrets que je n'aurais voulu t'en confier, je te surveillerai.

Puis, levant le doigt d'un air menaçant :

— Prends garde à toi, Ottavio, dit-il à voix basse, tu seras peut-être plus de mise au près que je n'aurais voulu l'en confier, je le crains.

CHAPITRE XII.

CHAPTER XII.

XII

Paul, au milieu des embarras que lui suscitait le rôle dont il s'était chargé, s'était rféugié dans une espèce d'insouciance toute passive, et il se proposait d'attendre avec patience ce qui allait arriver.

afin de se conduire suivant les circonstances.

Bien que, par l'affection qu'il ressentait pour Thérésa et par pitié pour la position critique de son ami, il fût indirectement intéressé aux affaires de la famille Labeccio, cependant il n'était pas disposé à pousser trop loin le dévouement à une cause qui n'était pas tout à fait la sienne ; l'égoïsme par moment reprenait le dessus, et Paul se disait alors avec son gros sens vulgaire que, lorsque les difficultés deviendraient trop nombreuses, il serait toujours temps d'envoyer tout promener.

Aussi, quand il parut devant madame Bianchi, avait-il une certaine assurance.

La vieille dame était assise dans son grand fauteuil, près de sa table couverte de registres et de papiers épars.

Ses traits cadavéreux étaient comme fardés en ce moment par suite d'une grande agitation intérieure; ses yeux avaient cet éclat extraordinaire que donne une exaltation fiévreuse.

Paul remarqua que, parmi les papiers qui occupaient l'attention de sa prétendue parente avant son arrivée, étaient la lettre qu'il avait vue la veille et qui contenait l'ordre adressé au banquier d'Ajaccio pour le payement des soixante mille francs, et une autre lettre sur gros papier commun, qui semblait ouverte seulement depuis peu d'instants et dont les caractères énormes témoignaient d'une main peu habile en calligraphie; mais madame Bianchi ne lui laissa pas le temps de faire d'autres observations.

— Arrivez donc, *mio Carlo*, s'écria-t-elle

d'une voix joyeuse aussitôt qu'elle l'aperçut ; arrivez, car en vérité je ne pouvais plus y tenir ; mon bonheur est si grand qu'il m'oppresse, qu'il m'étouffe... Je viens de recevoir une lettre qui m'a rajeunie de trente ans !

Et elle désignait la grossière missive que Paul avait remarquée en entrant.

Cette gaieté si franchement exprimée rassura tout à fait Duvert ; ses craintes disparurent comme par enchantement ; un pareil début ne pouvait promettre rien de fâcheux pour ce qui allait suivre.

— Je suis très-satisfait, ma chère tante, de vous voir dans de si bonnes dispositions ! répondit-il d'un air tranquille en prenant un siége en face d'elle ; mais puis-je savoir la cause...

— Marliani accepte tout, s'écria la vieille dame avec explosion.

— Ah? très-bien; il paraît que Marliani...

— Oui, il accepte; c'est pour ce soir... Je craignais des objections; il était trop fier pour en faire... Mais j'y songe, reprit la vieille dame en se reprenant tout à coup et en riant aux éclats de sa distraction, vous ne me comprenez pas, mon neveu! Vous ne savez pas de qui je vous parle! La joie me tourne la tête.

— Eh bien, ma chère tante, j'ai hâte de partager cette joie.

Mais un violent accès de toux avait été pour madame Bianchi la punition de sa bruyante gaieté, et il fallut attendre que la quinte fût passée. Cependant, elle fit signe à Paul d'aller fermer la porte au verrou, et quand il revint prendre sa place, après s'être acquitté de cette mission, la toux s'était calmée et la bonne dame pouvait enfin parler.

— Mon neveu, dit-elle en donnant à sa voix toute la sonorité et la dignité possibles, avouez-moi franchement que vous, votre père, ceux de vos amis à qui vous avez eu occasion de parler de votre pauvre tante, vous avez conçu de moi une assez fâcheuse opinion. N'est-ce pas que je vous ai paru bien bizarre, bien incompréhensible, bien folle, disons le mot, en faisant de certaines qualités que la nature seule peut donner, la condition nécessaire de mon affection pour vous? N'est-ce pas que, depuis votre arrivée ici, l'accueil que vous avez reçu de moi, ce mariage si promptement arrêté, cette somme énorme accordée sans difficulté, tout cela vous a paru extraordinaire, inexplicable, et que vous n'avez pu l'attribuer qu'au dérangement de cerveau d'une vieille femme solitaire et abandonnée depuis tant d'années? Le moment est venu, Charles, où vous allez avoir l'explication de toutes ces étrangetés qui vous ont frappé; vous allez connaître les motifs de cette conduite mystérieuse que j'ai tenue vis-à-vis de votre père et de vous depuis votre naissance, et vous verrez ensuite si je méritais d'être jugée avec tant de légèreté.

La bonne dame fit une pause, car cet exorde avait été un peu long, et partant très-fatigant pour son asthme.

Paul ouvrait de grands yeux étonnés, mais il n'avait pas le courage de nier les sentiments que madame Bianchi avait devinés en lui, et il attendait pour répondre une occasion plus favorable.

En ce moment, madame Bianchi ne jugea pas à propos de la lui fournir. Elle tira de sa poche un volumineux paquet de clefs, et, choisissant dans le trousseau deux clefs gigantesques, elle les lui présenta en lui disant d'un air solennel :

— Mon neveu, ouvrez le deuxième placard à gauche, celui qui paraît si solidement fermé, et apportez-moi ce que vous y trouverez.

Paul se leva et prit machinalement ce qu'on lui présentait.

— Celui-ci ! dit la vieille en lui désignant par un geste impérieux un des panneaux de la boiserie.

— Elle aura beau le nier, pensa Duvert,

elle est décidément folle! Néanmoins, tâchons de la contenter en flattant sa folie.

Il s'approcha du placard qu'on lui avait indiqué, et il introduisit une des clefs dans une énorme serrure toute rongée de rouille. Madame Bianchi suivait du regard chacun de ses mouvements, et voyant que le jeune homme avait quelque peine à faire mouvoir les vieux ressorts qui fixaient solidement le panneau, elle murmura d'un air pensif :

— Voilà bien des années que cette armoire n'a pas été ouverte et j'ai craint pendant bien longtemps qu'elle le fût seulement par les officiers de justice qui viendront faire l'inventaire à mon décès... Dieu n'a pas permis qu'il en fût ainsi ! Un descendant des Labeccio devait seul voir ce que contenait ce placard, et Dieu a envoyé le plus jeune, le plus robuste, le plus courageux des Labeccio !

Pendant que la vieille grommelait ainsi à part elle, Paul de son côté en était venu à penser qu'un trésor pouvait être enfermé dans cette solide armoire, et déjà il songeait dans quel nouvel embarras il allait se trouver, si madame Bianchi lui remettait, à lui, quelque précieux dépôt de famille comme au légitime propriétaire.

Heureusement cette inquiétude ne dura pas longtemps; les serrures cédèrent enfin à ses efforts multipliés, la porte roula lourdement sur ses gonds, et Paul put s'assurer que cette armoire si bien fermée ne contenait que quelques vieux effets d'homme, rongés de vers et de poussière, et qui semblaient n'être plus que des haillons bons à jeter.

Pour le coup, il crut être l'objet d'une plaisanterie, et il resta immobile devant l'armoire, regardant d'un air effaré tantôt madame Bianchi, tantôt la mystérieuse défroque.

— Mettez tout cela sur la table, dit madame Bianchi avec dignité.

Paul ne bougeait pas; il balançait entre deux partis à prendre, celui de rire franchement ou de se fâcher tout de bon.

Cependant il se contint par curiosité, et il se décida à obéir. Prenant les vieux vêtements du bout des doigts, avec un dégoût qu'il ne chercha pas à dissimuler, il les porta sur la table et les étala pompeusement.

C'était un costume à peu près complet de

montagnard corse, mais d'une coupe ancienne et singulière ; le temps et la poussière en avaient fait disparaître la couleur primitive ; cependant on pouvait reconnaître encore que l'étoffe en était plus fine que celle des habits d'un simple paysan, et que celui qui l'avait portée autrefois devait avoir une certaine importance dans le pays.

Madame Bianchi regarda avec un profond respect ces pauvres reliques, puis étendant la main sur elles avec majesté :

— Mon neveu, dit-elle, voilà le précieux dépôt qui m'a été confié pour être remis à l'héritier du nom des Labeccio : ce dépôt vous appartient à vous, à vous seul, et je vous le rends.

Cette fois Paul ne put se contenir, et éclatant de rire tout à coup, il tomba dans un fauteuil sans pouvoir maîtriser de quelques minutes cette gaieté convulsive. Madame Bianchi était superbe de colère et de dédain, et elle foudroyait du regard le jeune audacieux.

— Vous riez, monsieur? disait-elle en serrant les dents, vous pouvez rire dans ce moment solennel? Ah! si je ne savais pas que vous ignorez de quelle importance...

— Mais enfin, ma tante, dit Paul en se contenant avec peine, comment voulez-vous que je prenne au sérieux un pareil présent? que diable voulez-vous que j'en fasse? Je ne suppose pas que vous ayez l'intention de me voir revêtu de ces habits-là, dont la mode est un peu passée, vous l'avouerez?

— Assez, assez, monsieur; savez-vous à qui ont appartenu ces vêtements?

— Je l'ignore, ma tante, mais je sais bien

qu'ils sont troués, malpropres, et que je ne me soucie pas de les porter...

Madame Bianchi saisit vivement la veste qui faisait parti du dépôt et la mit sous les yeux du rieur.

— En effet, monsieur, dit-elle avec véhémence, ils sont troués, mais savez-vous ce qui a pu percer cette veste à l'endroit qui devait recouvrir le cœur?

— Quelque insecte sans doute.

— C'était une balle. Et ces taches que vous voyez encore sur l'étoffe, savez-vous quelle en est la cause?

— Ma foi, je l'ignore...

— Ce sont des taches de sang, d'un sang pur et précieux ; du sang d'un Labeccio... Comprenez-vous maintenant?

— Pas le moins du monde, ma tante, répondit Duvert plus dérouté que jamais.

—Pour un Corse d'origine et de caractère, dit madame Bianchi avec dépit, vous avez l'intelligence bien obtuse. Mais vous êtes de bonne race, Carlo, et je suis sûr que vous allez vous repentir de votre coupable légèreté lorsque vous connaîtrez l'histoire de votre famille.

—L'histoire de ma famille! dit Paul avec un air de profond intérêt en rapprochant son siége; ma foi! continua-t-il tout bas, je ne serai pas fâché de l'apprendre!

Madame Bianchi parut satisfaite de cet empressement simulé, et, après avoir toussé par précaution pendant quelques secondes, elle reprit :

CHAPITRE XIII.

XIII

— On vous a dit sans doute, Carlo, que votre famille était aussi ancienne dans la Corse que le granit du mont Rotondo, mais ce qu'on ne vous a pas dit peut-être, car je connais à cet égard l'insouciance de mon frère dégénéré, c'est qu'aucune famille, à aucune époque, n'a fourni autant d'hommes jaloux de leur honneur et toujours prêts à le défendre au prix de leur sang, ce qui leur a valu ce terrible nom de Labeccio que nous portons encore et dont nous avons droit d'être fiers.

En 1682, au plus fort de la guerre contre les Génois, il s'éleva une violente querelle entre Giacomo Labeccio, votre trisaïeul, qui habitait cette maison même, et Paolo Jacobi, propriétaire d'une ferme à quelques lieues d'ici, dans les montagnes. Vous allez juger, mon neveu, si nous n'avons pas de notre côté la justice et le bon droit.

Vous savez que l'usage du pays est depuis un temps immémorial de laisser vaguer la nuit les bestiaux dans les maquis, où l'on va les prendre le matin pour les employer aux travaux du labourage. Il arrive ainsi souvent que les bestiaux de différents propriétaires se rencontrent dans les mêmes lieux, se mêlent, et quand les pâtres veulent les séparer, il en résulte des erreurs, volontaires ou non, qui amènent de sérieuses disputes.

C'est à un événement de ce genre qu'il faut attribuer l'origine de notre querelle avec les Jacobi. Un matin nos pâtres ramenèrent, au lieu de deux magnifiques taureaux noirs qu'ils avaient conduits la vieille dans le maquis, deux taureaux rouges, maigres, efflanqués, qu'on leur avait laissés en échange, et ils annoncèrent que les Jacobi s'étaient emparés de nos précieuses bêtes et refusaient de les rendre.

Aussitôt nos gens se réunirent en force et

se rendirent au village des voleurs ; mais ceux-ci, prévenus à temps, avaient réuni leurs parents et leurs amis qui étaient nombreux ; nos gens furent repoussés ; plusieurs furent maltraités, et l'un d'eux même fut blessé d'un coup de stylet dont il mourut quelque temps après.

Vous voyez, Carlo, que nous ne fûmes pas les agresseurs. »

Ici madame Bianchi s'arrêta pour respirer, et Paul, qui crut devoir dire quelque chose pour prouver qu'il écoutait avec attention, s'écria en se laissant entraîner à ses goûts pour l'agriculture :

— Oui sans doute, ma tante ; mais aussi pourquoi diable est-il d'usage dans ce pays de n'avoir ni étable, ni grange, ni aucun bâtiment d'exploitation ? Ces pauvres animaux qui travaillent pour nous pendant le jour ont bien le droit de nous demander un abri pendant la nuit. C'est une détestable coutume que l'on a ici, ma tante, de laisser courir ainsi les troupeaux au hasard, et vous voyez ce qui en résulte.

Peut-être n'était-ce pas là absolument la morale que madame Bianchi eût voulu voir son auditeur retirer du récit précédent; cependant, trop préoccupée pour apprécier toute la portée de l'observation du jeune campagnard, elle reprit :

— Giacomo Labeccio, au moment où il reçut la nouvelle de cet attentat contre ses pâtres et ses propriétés, était occupé au siége de Bastia avec les autres chefs corses; violemment irrité de l'audace de ses voisins, il abandonna l'armée patriote au moment où elle était sur le point de s'emparer de la ville. et il accourut ici en toute hâte. Le hasard le plaça, le jour même de son arrivée, en présence de Paolo Jacobi; ils se battirent, et Dieu se prononça pour votre trisaïeul ; Paolo resta mort sur la place.

A partir de ce moment mon neveu, commença entre les deux familles une des plus longues, des plus acharnés, des plus sanglantes vendettes dont on ait ouï parler dans toute la Corse.

A la faveur des troubles et de l'anarchie dans lesquels notre île a été plongée pendant tant d'années, les haines particulières pouvaient se manifester sans contrainte; des deux côtés les parents les plus éloignés durent prendre part à la querelle ; le meurtre appelait le meurtre ; enfin, mon neveu, vous ne serez plus étonné d'être resté avec votre père seul des Labeccio, lorsque vous saurez que, pendant plusieurs générations, depuis votre trisaïeul Giacomo, le premier champion de votre famille, jusqu'à votre arrière grand-oncle Peppo Labeccio, dont les habits tachés de sang sont devant vous, vingt-sept personnes du nom de Labeccio sont tombées sous les coups des Jacobi.

— Mais c'était une épouvantable boucherie! s'écria Paul. Il n'y avait donc ni gouvernement, ni lois, ni justice dans ce pays? et les Labeccio, ma tante, mes malheureux ancêtres, avaient-ils fait au moins quelques victimes parmi ces brigrands de Jacobi?

— Ils en ont tué en tout cinquante-deux dans l'espace de cent dix ans environ, répondit madame Bianchi avec une indéfinissable expression d'orgueil, et aujourd'hui il n'y a pas dans tout le pays un homme de la race directe des Jacobi.

— Cinquante-deux! répéta Paul, et le nom de Jacobi a disparu! En ce cas, laissons-les en paix, ma tante : ces Jacobi ont eu leur compte.

— Vous vous trompez, Carlo, dit madame Bianchi d'un ton sec, les Labeccio sont encore en reste avec eux.

— Mais puisque tous les Jacobi sont morts...

— Il reste un homme allié de leur famille et qui nous doit encore sa vie ; laissez-moi achever. Peppo Labeccio, celui dont je vous ai conservé les vêtements, suivant l'antique usage de nos pères, a été la dernière victime de cette terrible querelle, et il n'est pas encore vengé.

Il fut assassiné à quelques lieues d'ici, en 1799, par un cousin du dernier des Jacobi, et ce meurtre ne put être puni par les lois françaises, sous la domination desquelles nous étions tombés.

La vengeance devait revenir à votre père, Carlo, et, à son défaut, à mon pauvre Bianchi.

Mais votre père, qui habitait presque toujours la ville et qui avait déjà des goûts et des mœurs indignes d'un Labeccio, se refusa à ce devoir sacré, et ce n'a pas été la moindre des causes de l'éloignement que je lui ai montré bien des fois.

Quant à mon mari, il n'eût pas refusé ce noble héritage, lui; il n'eût pas fait à la femme qu'il avait épousée l'outrage de renier ses querelles, mais l'assassin avait quitté le pays aussitôt après le meurtre de Peppo, et il n'y revint qu'après la mort de mon pauvre Bianchi.

Jugez quel fut alors mon désespoir : votre père était en France, et d'ailleurs je savais qu'il était inutile de m'adresser à lui; il ne m'eût pas comprise. Pour comble de malheur, l'assassin mourut, et il me sembla impossible que la famille Labeccio pût jamais être vengée.

Ce fut alors qu'on commença à me parler de vous; tout ce qu'on me disait de votre force, de votre adresse, de votre énergie, me ravissait de joie; vous comprenez sans doute pourquoi je mettais tant de prix à ces qualités du corps et de l'âme dont vous étiez doué.

Celui-là, me disais-je, ne mentira pas à

sa race; celui-là sera jaloux de son honneur et implacable dans sa vengeance, comme ses ancêtres; c'est à celui-là que je remettrai ces vêtements teints de sang du pauvre Peppo, c'est lui qui vengera toute la famille des Labeccio ou qui du moins succombera noblement après l'avoir entrepris.

Carlo Labeccio, je vous connais déjà, vous ne tromperez pas mon attente; vous serez digne du précieux dépôt que mon père m'a chargé de remettre au dernier héritier mâle des Labeccio; vous nous vengerez tous...

— Vous venger! répéta Paul d'un ton railleur; mais, ma bonne tante, soyez conséquente avec vous-même; sur qui voulez-vous que je vous venge, puisque vous m'avez dit vous-même que l'assassin de ce M. Peppo, mon arrière-grand-oncle, était mort depuis longtemps ?

— Il a laissé un petit-fils, et ce petit-fils s'est vanté bien des fois dans le pays du crime que son aïeul avait commis ; j'ai appris jusqu'où il poussait l'insolence, et je l'ai fait prévenir qu'il viendrait plus tard un Labeccio qui lui demanderait compte du sang versé ; ce Labeccio, c'est vous.

— Comment, ma tante, s'écria Paul avec un air de stupéfaction impossible à peindre, vous voulez que moi, arrière-petit-neveu de la victime, j'aille tuer le petit-fils de l'assassin que je ne connais pas, que je n'ai jamais vu, et qui ne m'a fait aucun mal ?

— Vous le connaissez ; c'est ce Marliani que vous avez trouvé sur votre passage en arrivant ici et que vous avez été sur le point, m'a-t-on dit, de maltraiter à cause de son obstination à vous regarder ; c'était le sang des Labeccio qui bouillonnait en vous, Carlo ; c'était l'instinct du bon chien de chasse qui se réveille à la vue de la bête fauve ; je suis sûre que vous haïssez déjà cet homme.

— Je ne le hais ni ne l'aime, dit Paul d'un air tranquille, et quand je le haïrais, ce ne serait pas une raison d'aller l'assassiner, au risque d'attirer sur moi toute la sévérité des lois !

— Aussi n'est-ce pas ainsi que je l'entends, Carlo ; ce sera un duel, un duel approprié aux mœurs de la Corse, mais vous n'aurez à vous inquiéter d'aucun des arrangements préliminaires ; Césario est convenu de tout depuis ce matin avec Marliani, et la lettre que voici m'affirme qu'il accepte toutes les conditions.

Ce soir un moment avant le coucher du soleil, vous vous battrez au fusil dans le maquis ; on a désigné un espace dont ni l'un ni l'autre vous ne devrez sortir ; celui qui le premier apercevra l'autre tirera le premier, et la querelle sera vidée à jamais, car Marliani est le dernier de sa race, comme vous êtes le dernier des Labeccio.

Madame Bianchi, épuisée par cette longue conversation, fut saisie d'un accès de toux si violent et si opiniâtre, qu'on eût dit que toute sa frêle et maladive organisation allait se briser. Paul l'examinait avec une véritable épouvante.

— Ah çà ! madame, dit-il en se levant aussitôt que les râlements convulsifs de la vieille asthmatique eurent cessé, ai-je compris ce que vous voulez dire, est-il bien vrai que ce soir...

— Ce soir, une heure avant le coucher du soleil, répliqua madame Bianchi tranquillement ; comme vous n'êtes pas habitué à vous glisser dans les maquis, j'ai exigé que le duel eût lieu pendant le jour. Ainsi, comme vous avez de bons yeux, vous avez plus de chances de succès que Marliani, si vous êtes vraiment sûr de votre balle... Vous voyez que je n'ai pas négligé de vous assurer tous les avantages sur votre adversaire.

— Je vous remercie sincèrement, ma bonne tante, répondit le jeune homme d'un ton ironique; mais cependant qu'arriverait-il si je n'étais pas bien disposé à risquer, pour une querelle qui dure depuis cent cinquante ans, mon avenir, mon honneur, ma vie, contre la vie d'un grand imbécile qui ne m'a jamais fait d'autre mal que de me regarder avec trop de curiosité? Considérez...

Madame Bianchi ne lui laissa pas le temps d'achever; ses petits yeux lui sortaient de la tête, son visage était devenu d'une pâleur livide et elle dressait ses ongles comme ceux d'un chat irrité.

CHAPITRE XIV.

XIV

— Me serais-je trompée ? s'écria-t-elle avec véhémence, auriez-vous les indignes sentiments de votre père ? Tous mes désirs, toutes mes espérances devraient-ils encore se briser contre votre lâcheté ? mais non, c'es impossible ; Carlo, souvenez-vous des paroles que vous prononciez hier :

N'est pas homme qui ne sait pas se venger !

Souvenez-vous que pour laver vos injures personnelles, vous vous êtes déjà battu plus d'une fois; ferez-vous moins pour l'honneur de votre nom? Voulez-vous me désavouer aux yeux de Marliani, ce dernier des vieux ennemis de notre famille?

Ayez du moins pitié de votre pauvre tante, ne me faites pas un pareil affront auquel je ne survivrais pas ! et si tout cela ne peut vous toucher, songez qu'à mon tour j'ai des moyens terribles de vengeance : je tiens l'honneur de votre père entre mes mains...

Si vous refusez ce duel, cette lettre ne partira pas et votre père sera ruiné; vous aimez

Thérésa, et, si vous refusez ce duel, Thérésa sera pour un autre; quant à ma fortune, j'aimerais mieux la jeter tout entière dans un gouffre que d'en laisser la moindre partie dans les mains d'un ingrat et d'un lâche !

Carlo Labeccio, deux routes en ce moment se présentent à vous : dans l'une vous pouvez trouver la mort dès le premier pas, mais si vous échappez au danger, vous aurez le bonheur d'avoir défendu noblement votre nom, d'avoir sauvé votre père, vous serez l'époux d'une femme belle et jeune que vous aimez, vous serez assez riche pour satisfaire tous vos goûts et tous vos caprices; dans l'autre vous n'aurez aucun danger à craindre, mais vous serez obscur, misérable et déshonoré !

Paul un moment avait été subjugué par

l'autorité imposante de madame Bianchi ; mais sans répondre directement, il se mit à se promener tout pensif dans la chambre, et il murmurait des paroles telles que celles-ci :

— Sapristie ! où me suis-je fourré ?... Moi qui n'avais vu dans cette affaire qu'un léger service à rendre à un ami et une occasion de rire un peu. Cette petite vieille a le diable au corps.

— Que dites-vous, Carlo, mon neveu chéri ? demandait madame Bianchi avec angoisse en le suivant du regard ; vous acceptez, n'est-ce pas ? Oh ! dites-moi que vous acceptez ! Dieu vous protégera en récompense du bonheur que vous m'aurez donné !

— Si je devais avoir part aux avantages comme aux charges de la situation, continuait Paul en lui-même en se promenant toujours, je ne dis pas... Mais diable! risquer sa vie... J'aime mieux rendre ce qu'on m'a prêté.

— Que dites-vous, Carlo? répéta la vieille.

— Madame, dit le jeune homme en s'arrêtant devant elle, l'affaire que vous me proposez est assez grave pour que vous m'acordiez un peu de réflexion... Je demande une heure.

— Une heure! mais songez donc que le jour s'avance et que Marliani va se rendre au rendez-vous.

— Il n'est que midi, madame, et le rendez-vous n'aura lieu qu'au coucher du soleil; votre impatience raccourcit trop le temps.

— Mais enfin qu'allez-vous faire?

— Consulter un ami qui s'intéresse particulièrement à mes affaires; ne vous désespérez pas, peut-être bientôt Carlo Labeccio va-t-il venir vous annoncer qu'il accepte la partie de plaisir que vous lui avez préparée.

En même temps il déverrouillait lestement la porte.

— Vous riez, s'écria la vieille femme, oh! je suis sûre que vous accepterez. Vous voulez vous amuser des terreurs de votre pauvre tante.

— Non, non, je vous ai dit que tout cela dépassait la plaisanterie, répéta Paul en sortant; vous aurez probablement une solution avant une heure.

Et il se mit à faire de grandes enjambées pour arriver plus vite à la chambre du véritable Charles Labeccio.

Si la position où Paul Duvert s'était placé

par pure obligeance était embarrassante, celle de Charles Labeccio n'était pas moins difficile et digne de pitié.

Nous venons de voir par quel hasard ce jeune homme faible, délicat, timide, habitué aux douceurs et à la tranquillité de la vie civilisée, se trouvait être l'héritier direct et le défenseur obligé d'une de ces vieilles et sauvages querelles de famille qui en Corse durent des siècles, et qui font verser des flots de sang.

Pour comble de malheur, dans le moment où à défaut de vigueur physique, il avait si grand besoin d'énergie morale, dans le moment où il pouvait encore, en dévoilant franchement la vérité, implorer le pardon de sa tante, revendiquer son nom et, en essayant au moins de satisfaire les impérieuses exigences de madame Bianchi. reconquérir peut-être tous les avantages que son étourderie lui avait fait perdre, il se trouvait cloué sur son lit, accablé par une de ces maladies violentes qui ôtent la force. le courage et par moments la raison.

La chambre qu'il occupait et qui lui était commune avec Paul Duvert était située au second et dernier étage de la maison et ne présentait pas tout le confortable auquel sans doute il était habitué.

A voir la grossière cheminée pratiquée au milieu de cette pièce et la couche noire que la fumée avait laissée sur les murailles et les lambris, il était facile de deviner qu'elle était destinée à servir de séchoir pour les châtaignes, cet aliment privilégié de Casabella.

Le voyage de Charles en Corse avait été si précipité qu'on n'avait pu réparer à temps un appartement de cette maison délabrée dont une partie seulement était habitable. On s'était contenté de placer deux lits et quelques meubles dans le séchoir, et madame Bianchi, pour s'excuser de la mesquinerie de cette hospitalité, avait dit aigrement que, ne s'attendant pas à recevoir en même temps que son neveu un élégant de Paris, elle en avait agi sans façon avec un jeune homme habitué à tout et qui dormait également bien partout.

On peut donc supposer que le malade n'avait pas absolument toutes ses aises dans cette pièce placée immédiatement sous le toit et où régnait à cette heure de la journée une chaleur étouffante.

Il avait fait un effort désespéré pour se lever et aller à la recherche de Paul, qui seul pouvait lui apprendre où en étaient ses propres affaires; mais nous savons que Paul était resté absent toute la matinée, et Charles avait bientôt été obligé de se jeter tout habillé sur son lit, autant pour obéir au médecin que par nécessité.

Une robuste servante corse qui n'entendait pas un mot de français restait près de lui pour lui donner les soins que son état réclamait : mais ne pouvant tirer d'elle aucun éclaircissement et soupçonnant qu'il se passait quelque chose d'extraordinaire autour de lui, le pauvre garçon s'agitait sur sa couche, en proie à de poignantes angoisses qui ne contribuaient pas peu à rendre son état alarmant.

Ce fut en ce moment que Paul entra d'un air insouciant et égoïste, les mains dans ses poches et marchant bruyamment sans s'inquiéter s'il ébranlait la maison jusque dans ses fondements. Il se jeta sur un siége en poussant une exclamation de fatigue, et demanda à son compagnon d'un air distrait comment il se trouvait.

Charles à sa vue poussa un faible cri de joie, et se souleva sur le coude pour regarder son ami.

— Paul, s'écria-t-il, mon bon, mon généreux Paul, par grâce, dites-moi bien vite ce qui s'est passé ! Vous avez vu madame Bianchi ; que vous a-t-elle dit, qu'avez-vous découvert ?

— J'ai découvert une chose dont vous ne

m'aviez pas prévenu, répondit Paul d'un ton moitié jovial, moitié colère.

— Quoi donc ?

— C'est que votre tante est le diable en personne. Je parierais tout ce que l'on voudrait, que si elle ne peut marcher, ce n'est pas qu'elle ait la goutte, mais parce qu'elle a le pied fourchu.

— Paul, je vous en prie, ne me faites pas languir; dites-moi en deux mots toute la vérité.

— Eh bien, en deux mots, la voici : j'ai fait tout ce que j'ai pu pour vous rendre service en prenant votre nom et en jouant votre rôle le moins mal possible auprès de cette vieille enragée; je ne puis faire davantage que je n'ai déjà fait. Je vous rends votre nom, rendez-moi le mien ; et que Dieu vous assiste! Moi, je compte quitter ce soir cette maison pour aller quelque part où l'on puisse respirer seulement cinq minutes consécutives, ce qui est impossible ici.

— Vous allez me quitter? s'écria Charles en tressaillant, me quitter au milieu de cette horrible crise?

— Que voulez-vous! qui ne peut ne peut, comme disait mon maître de calcul; quand je me ferais tuer ce soir dans le maquis à votre place, je ne vous rendrais ni la fortune ni la femme qui vous étaient destinées!

— Vous me parlez par énigmes, Paul, et c'est là de la cruauté... Vous faire tuer, dans le maquis?...

— Quoi! vous ne comprenez pas que votre affectionnée parente, après vous avoir préparé une jolie femme, une jolie fortune, a arrangé pour vous un joli petit duel à mort pour ce soir... A la condition que vous irez échanger ce soir une balle avec Marliani, pour cause de vendetta qui remonte à cent cinquante ans, vous aurez, si vous survivez, tout ce qu'elle a promis hier; sinon, non. La bonne dame, il est vrai, y a mis de la complaisance ; tout est arrangé le plus convenablement du monde; on n'a qu'à aller se promener au maquis pour prendre le frais et apporter sa tête, la balle viendra toute seule... Quelle prévenance ! Pour moi, que cela ne regarde pas, j'ai résolu d'aller d'un autre côté.

— Quoi ! s'écria le malade, serait-il vrai que cette terrible querelle dont mon père m'a parlé quelquefois par hasard existât encore ! Voilà donc l'explication de tous les caprices de ma tante!... Mais j'avais entendu dire que tous nos adversaires avaient péri jusqu'au dernier?

— Il en reste un, le petit-fils du cousin de l'un des Jacobi... Votre tante vous expliquera cela mieux que moi. Elle a aussi une vieille défroque dont elle se propose de vous faire cadeau; vous verrez! Ce sera une précieuse relique pour vous, qui êtes un Labeccio; mais moi qui ne suis que Paul Duvert, j'ai remercié; ce serait trop lourd dans mes bagages!

— Monsieur Paul, s'écria Charles d'un ton suppliant, est-il bien vrai que vous songiez à me quitter! est-il vrai que vous voulliez ainsi abandonner dans une position affreuse un ami désespéré, mourant, qui n'a de ressource et d'espoir qu'en vous?

Cette prière sembla rappeler Duvert à des sentiments plus généreux. Alors seulement il regarda Charles et il fut effrayé des ravages que la fièvre et les agitations continuelles depuis vingt-quatre heures avaient faites sur ses traits.

— Seriez-vous aussi malade qu'on le dit? demanda-t-il avec intérêt; je n'ai pas la volonté d'aggraver votre position par une retraite précipitée, mais vous comprenez, mon cher Labeccio, que ma position à moi n'est plus tenable.

— Oh! ne m'abandonnez pas, mon généreux ami! que puis-je faire sans vous? honneur, fortune, bonheur, tout est perdu si vous ne me soutenez pas... Qui sait! cette impitoyable parente me chassera peut-être de sa maison, tout faible et souffrant que je suis, si elle vient à apprendre la ruse que nous avions tramée contre elle.

— Que faire alors ?

— Voyez, cherchez vous-même, dit Charles déjà épuisé par cette conversation ; pour moi, je suis si faible ! Ma tête s'égare... Je ne sais...

— Ainsi je ne puis pas même compter sur vous pour un conseil, reprit Paul en retombant dans un de ses accès d'égoïsme ; ma foi, monsieur Labeccio, vous conviendrez que j'ai fait tout ce qu'on pouvait raisonnablement exiger de l'obligeance d'un ami ; si mes efforts n'ont pas eu tout le succès que nous en espérions, la faute n'en est pas à moi. Réfléchissez donc ; dans cette partie, vous ne mettrez pas d'enjeu et vous avez la chance d'un gain magnifique, tandis que moi qui jouerai ma vie, je n'aurais en gagnant qu'un remercîment à attendre de vous !

— Monsieur Duvert, s'écria le pauvre Charles en sanglotant, vous me faites expier cruellement la faute que j'ai commise d'après vos conseils! Oh! que ne m'est-il possible de revenir sur le passé, d'avouer tout à ma tante, d'accepter toutes ses conditions, et, au péril de ma vie...

— Je le crois sans peine, dit Paul d'un ton sec, vous seriez payé pour cela... Mais votre maladie ne sera pas un obstacle sérieux; dans quelques jours vous serez guéri, sans doute, et si Marliani et votre tante veulent bien attendre jusque-là, vous pourrez tenter l'aventure. Je vous souhaite tout le succès possible !

CHAPITRE XV.

XV

En achevant ces mots, Paul se leva et se mit à ranger ses effets dans une valise qui formait tout son bagage. Sa conscience lui reprochait bien en secret sa dureté, mais la réflexion étouffait ce bon sentiment. Sa pitié pour le malheureux Charles n'allait pas jusqu'à braver à sa place les chances d'un duel à mort.

Un silence pénible, entrecoupé seulement par les gémissements du malade, régnait dans la chambre depuis quelques instants, lorsque plusieurs coups légers et précipités furent frappés à la porte. La garde alla ouvrir et Thérésa parut toute pâle et tremblante. Elle dit quelques mots en langue corse à la servante, qui lui fit signe qu'elle pouvait entrer.

A la vue de mademoiselle Bianchi, Charles essaya de descendre de son lit et Paul alla au-devant de la jeune fille qui s'avançait timidement.

— Excusez-moi, messieurs, dit-elle d'une voix altérée, si j'ose entrer ici, mais les circonstances expliquent ma hardiesse... Vous devinez sans doute que je sais tout.

— Quoi! s'écria Paul stupéfait, on vous a dit...

— On m'a dit, monsieur Duvert, reprit Thérésa avec véhémence, que sous un nom d'emprunt vous vous étiez introduit dans une famille honorable et confiante, compromise par cette coupable étourderie. Vous méritez, vous et le faible parent qui a prêté la main à cette supercherie....

— Thérésa, Thérésa, s'écria le malade d'une voix suppliante, ne m'accablez pas! Il s'agissait de sauver mon père de la ruine et du déshonneur.

Paul restait interdit et confus sans oser lever les yeux.

— Monsieur Duvert, reprit-elle en remarquant les préparatifs non équivoques du départ qu'il venait de terminer, je vois que vous étiez prêt à abandonner votre ami, et sans doute cette conduite est peu généreuse; mais je n'ai pas à la juger ; je suis fâchée seulement que vous ayez oublié que d'autres devoirs aussi respectables que ceux de l'amitié pouvaient vous retenir ici...

— Je ne vous comprends pas, mademoiselle, dit Paul tout étonné.

— Je veux dire, monsieur, reprit Thérésa d'une voix si émue et si tremblante qu'on l'entendait à peine, je veux dire qu'il y a ici une personne dont vous avez surpris indignement la bonne foi par ce faux nom que vous aviez usurpé; cette personne, croyant voir en vous un parent, un fiancé, un futur époux, s'est montrée avec vous familière et pleine d'abandon aux yeux de ceux qui habitent cette maison, et si vous partez elle est déshonorée... Oh! nous ne sommes plus ici dans les brillants salons où l'on fait si bon marché de l'honneur et de la réputation d'une jeune fille! Dans notre île, dont vous avez raillé si impitoyablement les idées et les mœurs, on est plus sévère, monsieur; adresser une parole d'amour à une femme, c'est la flétrir si plus tard on renie cette parole. Ici, la plus simple preuve d'affection est un engagement, le plus simple soupçon est une tache... Vous voyez bien, monsieur, que vous ne pouvez partir ainsi !

Il est donc vrai ! s'écria le malade en gémissant ; ce que je craignais est arrivé !... Ils s'aiment déjà, et ils ont pu se le dire... Thérésa, de grâce, souvenez-vous que votre parent, votre fiancé, c'est moi, ce ne peut être que moi !

— Il est trop tard pour revendiquer ces titres, monsieur Charles, dit la jeune fille avec mélancolie, mais sans colère ; quelles que soient vos fautes à vous, je n'ose vous les reprocher avec trop de dureté, car votre affection pour votre père peut être une excuse ; quant à votre ami...

— Mademoiselle Thérésa, dit enfin Duvert, qui commençait à revenir de la stupéfaction du premier moment, ne soyez pas trop sévère pour une étourderie dont nous ne pouvions, en arrivant ici, prévoir les graves conséquences. S'il est un moyen de réparer le crime impardonnable que j'ai commis en trompant votre bonne foi, parlez sans crainte, et je m'efforcerai, au prix des plus grands sacrifices, de vous prouver l'estime et l'affection que j'ai ressenties pour vous dès le premier moment que je vous ai vue.

— Nous allons juger, monsieur, de la sincérité de ces sentiments, reprit mademoiselle Bianchi avec une certaine fermeté ; mais, avant tout, je dois vous apprendre comment je suis arrivée à la connaissance de votre secret. Vous étiez parvenu à le dérober aux yeux de ma tante et aux miens, mais vous oubliiez qu'un homme qui avait intérêt à vous bien connaître et dont je vous avais averti de vous défier épiait vos paroles et jusqu'à vos moindres actions : cet homme est Césario. Vous savez, je pense, quelles espérances il avait fondées sur moi avant qu'il fût question du voyage en Corse de mon cousin Charles Labeccio. Ce voyage inattendu déconcerta tous ses projets, et il chercha à se défaire d'un rival en lui suscitant des embarras et des ennemis. Ce fut lui qui avertit Marliani du jour et de l'heure où Charles devait arriver, et sans doute il essaya de persuader à cet homme qu'il devait chercher querelle au descendant des anciens ennemis de sa famille. Il s'était trompé dans ses prévisions: Marliani n'est pas un assassin, et au lieu de vous attaquer, comme Césario, dans son âme atroce, en avait sans doute conçu la pensée, il vous laissa passer, en réservant de proposer un combat plus loyal et plus généreux.

— Eh bien, ma foi, je ne me doutais pas hier que nous l'avions échappé si belle, pensa Duvert.

—Or, Césario ignorait, continua la jeune fille, que madame Bianchi avait depuis longtemps le désir d'amener son neveu à un duel qui, dans ses idées, est devenu une nécessité pour l'honneur de notre famille; vous savez quelle récompense elle propose. Ce projet a comblé de joie ce misérable Césario, il s'est dit :

Ou bien Charles Labeccio refusera le combat, et alors il ne sera plus à craindre pour moi, ou bien il l'acceptera, et je puis espérer qu'il y laissera la vie !

Cependant il y avait une lacune dans ce calcul; il pouvait se faire que Charles Labeccio fût vainqueur, et alors Césario devait renoncer à ses secrètes prétentions; aussi il a cherché à s'éclairer sur certains soupçons qu'il avait conçus; il est entré ici furtivement, il a examiné vos bagages, et sans doute il y a trouvé des preuves de cette substitution qu'il avait devinée. De ce moment il a cru n'avoir plus rien à craindre.

Certain que M. Duvert n'accepterait jamais par pur dévouement un danger inutile, il a exécuté avec ardeur les ordres de sa maîtresse qui avaient pour but de rendre ce combat prochain et inévitable. Voilà ce qui explique la joie qui brillait dans ses yeux ce matin, ses railleries lugubres, sa colère de me trouver avec vous.

— Oh! le misérable bandit, murmura Paul entre ses dents, j'espère bien lui régler ce compte...

— Malheureusement pour ses abominables calculs, reprit Thérésa, il n'a pu modérer sa joie en ma présence, et pour se venger des marques d'affection que je vous ai données devant lui, il m'a déroulé, il y a quelques instants, pendant que vous étiez encore auprès de ma tante, tous les fils de cette intrigue. Convaincu qu'il était impossible de tourner les difficultés insurmontables qu'il a accumulées devant un rival, il m'a initiée lui-même d'un air triomphant à tous les détours de cet inextricable labyrinthe, sans songer qu'il pouvait me fournir ainsi un moyen d'en sortir.

— Il en est donc un ! s'écrièrent les deux jeunes gens à la fois.

— Oui, sans doute, répondit Thérésa en baissant les yeux ; un acte de courage et de dévouement sera toujours dignement apprécié par ma tante, quel qu'en soit l'auteur. Puisque Charles Labeccio ne peut plus être mon époux, il y a possibilité pour un autre d'entrer dans notre famille et d'en prendre en mains les querelles... Et celui que j'ai appelé mon parent, mon fiancé, celui que j'ai considéré comme devant être un jour mon mari...

— Thérésa! s'écria Paul transporté, je n'ose vous comprendre... De grâce, parlez clairement, car le temps presse.

— Eh bien, monsieur Duvert, reprit mademoiselle Bianchi avec courage, acceptez ce combat, et je vous jure que je n'appartiendrai jamais à nul autre que vous.

— Mais madame Bianchi, votre bienfaitrice?

— Elle n'osera refuser ma main à celui qui aura su venger, au péril de ses jours, ce qu'elle appelle l'honneur de sa famille.

— Non, non, s'écria Charles avec énergie, cet arrangement est impossible... je guérirai bientôt... ce duel est pour moi, moi seul, Charles Labeccio !

— Et moi, je suivrai dès à présent les chances qui se présentent de posséder un jour une si belle récompense ! s'écria Duvert en pressant avec transport la main de Thérésa ; je serai heureux de risquer ma vie pour mériter un si grand bonheur... Charles Labeccio, songez à votre père, à qui tout retard pourrait être funeste. Les parts sont plus égales maintenant et je n'hésite plus à affronter tous les dangers ; je serai à ce rendez-vous. Charles, vous aurez pour vous consoler de ce que vous aurez perdu, l'honneur et le salut de votre père, et moi, j'aurai l'espoir d'être l'époux d'une femme que j'aime et pour qui je risquerais sans regret mille existences... Allons, Thérésa, je vais trouver votre tante; à votre tour, souvenez-vous de vos promesses !

Cet enthousiasme arracha des larmes à la jeune fille, et elle retint Paul par le bras au moment où il allait sortir :

— De grâce, monsieur Duvert, murmura-t-elle tout émue, réfléchissez au moins quelques instants. Ne vous faites pas illusion : le danger est grand, il est immense... Ce Marliani est adroit, exercé et... c'est un duel à mort, vous le savez.

— Qu'importe ! n'ai-je pas joué ma vie plus d'une fois pour un stupide point d'honneur ? Pourquoi mon courage faiblirait-il cette fois, pourquoi ma main tremblerait-elle quand le bonheur de toute ma vie va dépendre de mon adresse et de mon courage? Mon parti est pris: je vais l'annoncer à madame Bianchi, et, s'il le faut, je lui dirai qui je suis, je lui dirai...

— Non, non, Paul, dit Thérésa avec vivacité, j'aime mieux qu'elle l'ignore encore. Il faut qu'à ses yeux et aux yeux de tout le pays l'antagoniste de Marliani porte le nom de Labeccio. Nous la détromperons quand il sera temps.

— Et moi, dit le malheureux Charles avec frénésie, je ne souffrirai pas qu'on s'empare de mon nom pour me frustrer des riches avantages qui m'étaient destinés, je ne souffrirai pas...

— Retenez-le, commanda Thérésa en langue corse à la servante chargée de surveiller Labeccio, retenez-le bien ; ne voyez-vous pas qu'il est dans le délire de la fièvre?

La vigoureuse paysanne s'empara de Charles, qui s'agitait comme un enfant en colère, et le força de rester immobile sur sa couche. Il se débattait avec rage, il écumait, il rugissait, ce qui ne contribuait pas peu à donner du poids à l'assertion, fondée peut-être, de Thérésa.

— Hâtons-nous, murmura-t-elle.

Et tous les deux sortirent, poursuivis par les cris du malheureux Charles, qui devinrent de plus en plus faibles à mesure que ses forces diminuaient, et qui s'éteignirent bientôt dans le silence de l'épuisement.

CHAPITRE XVI.

XVI

Thérésa et Paul se rendirent en toute hâte dans la chambre de madame Bianchi. Le délai d'une heure était sur le point d'expirer; la bonne dame était dans une vive inquiétude, que Césario, qui était près d'elle, n'avait pas peu contribué sans doute à exciter. Dès que Paul et sa compagne parurent madame Bianchi demanda précipitamment.

— Eh bien, parlez, mon neveu : qu'avez-vous résolu?

— Il refuse! dit Césario d'un ton moqueur et comme sûr de son fait.

— J'accepte, répondit Paul en regardant le Grec d'un air menaçant, à la condition...

— Quelle condition! demanda la vieille.

— A la condition que je vais jeter ce drôle par la fenêtre! s'écria Paul en s'élançant vers l'intendant.

Césario n'eut que le temps de gagner lestement la porte et de descendre les escaliers quatre à quatre, car il avait lu dans les yeux de Paul que le jeune gaillard était disposé à exécuter sa menace. Madame Bianchi ne parut pas même s'apercevoir du danger qu'avait couru son ancien favori.

— Vous consentez, mon neveu, mon brave garçon! disait-elle avec exaltation; oh! je savais bien que je n'invoquerais pas en vain vos sentiments de respect et de piété pour notre ancienne famille!

— Ne vous y trompez pas, ma tante, dit un peu rudement Paul, qui sentait que dans un pareil moment il avait la liberté de parler sans gêne, ce n'est pas l'orgueil de famille qui me pousse à affronter les dangers d'un pareil combat, mais bien le désir d'être l'époux de cette charmante Thérésa, et il faut que vous me juriez...

— Oh! je vous jure qu'elle sera votre femme, dit madame Bianchi prévenant sa pensée.

— Songez, madame, que je viendrai peut-être vous rappeler ce serment. Thérésa m'en a déjà fait un pareil.

— Ainsi, c'est à cette aimable enfant que je dois cette décision si prompte, Carlo, dit la vieille dame en regardant sa pupille d'un air gracieux ; allons ! allons ! je vois que toutes mes mesures étaient bien prises !

Paul se retira pour écrire à son père une lettre qu'il confia à Thérésa, ainsi que celle adressée au banquier d'Ajaccio ; son sacrifice au moins ne devait pas être inutile au malheureux Charles. La jeune fille reçut ces papiers avec émotion et promit, le cas échéant, de les envoyer à leur destination. La soirée se passa dans ces arrangements; madame Bianchi était toujours folle de joie et ne semblait pas songer qu'un bon et brave jeune homme allait peut-être bientôt mourir pour satisfaire de ridicules préjugés. Paul était calme, mais sérieux ; il affectait une tranquillité qu'il était loin d'éprouver, car plus le péril approchait, plus il le voyait dans toute son étendue. Enfin l'heure de partir pour le maquis arriva. Madame Bianchi envoya prévenir Paul qu'elle l'attendait dans la salle basse, et il s'y rendit aussitôt.

Thérésa, assise dans un coin, sanglotait à faire pitié ; madame Bianchi, affublée d'un grand châle et d'un chapeau de forme aussi hétéroclite que celle qui le portait, tenait à la main un vieux fusil à pierre, assez bien conservé, tout couvert d'ornements et d'incrustations, mais qui sans doute était bien inférieur pour la commodité et la précision aux fusils d'invention moderne. Sur une table étaient de la poudre et des balles.

— Vite, vite, Carlo, s'écria la vieille femme, il ne faut pas qu'un Labeccio se fasse attendre à une partie d'honneur.

— Est-ce là l'arme que vous me destinez, madame ? demanda Paul tranquillement en examinant le fusil d'un air de connaisseur.

— C'est le fusil de votre oncle Peppo, mon neveu; je l'ai conservé précieusement pour vous.

— Malgré toutes ses dorures et son clinquant, ce n'est qu'un mauvais *rouillard,* dit le jeune homme en soupirant.

Cependant, il se mit à charger le fusil avec sang-froid et en silence; Thérésa le regardait à travers ses larmes; madame Bianchi examinait tout aussi tranquillement que s'il se fût agi d'une partie de chasse pour son jeune parent.

— Maintenant, madame, dit Paul après avoir terminé tous ses préparatifs, veuillez me donner un guide qui me conduise au lieu du rendez-vous, et qui m'explique les conditions de ce singulier duel.

— Vous trouverez de ce côté-ci du maquis un des *parolenti* (témoins) qui vous dira ce que vous aurez à faire ; quant à un guide, je vous en servirai moi-même ; c'était Césario qui devait être chargé de ce soin, mais vous avez fait une telle frayeur à ce pauvre diable qu'il s'est enfui, et on ne sait ce qu'il est devenu. Ce sera donc moi qui vous accompagnerai. J'ai donné l'ordre qu'on sellât la *Capitana*.

— Quoi, madame ! vous voulez...

— Et pourquoi non, dit la vieille dame d'un air piqué, croyez-vous que le courage soit exclusivement réservé à vous autres hommes? Je vous accompagnerai jusqu'au maquis, et là je vous laisserai remplir votre mission.

— Partons donc, dit Paul avec un peu moins de sang-froid qu'auparavant, et en saisissant son arme.

Thérésa s'élança vers lui.

— Non, non! ne partez pas! s'écria-t-elle avec épouvante; oubliez ce que je vous ai dit... Je ne savais ce que je disais, ce que je faisais...

— Je n'ai pourtant garde de l'oublier, Thérésa, dit le jeune homme d'une voix émue; ce n'est qu'en traversant ce danger que je pourrai obtenir votre main. Courage ! je reviendrai.

La jeune fille poussa un cri déchirant et tomba évanouie.

— La petite sotte ! dit madame Bianchi avec colère, elle a bien besoin de se trouver mal quand nous sommes si pressés !... Allons, Maria, accourez vite et prenez soin de cette petite poulette délicate..... Au moins nous voilà quittes de ses jérémiades ! Il est bien étrange que les jeunes filles d'aujourd'hui ne puissent plus comprendre combien la vendetta est sacrée.

En même temps elle s'appuya en toussant sur le bras de Duvert, et ils sortirent de la maison. Devant la porte était une vieille ânesse poussive, comme sa maîtresse, surmontée d'une mauvaise selle à l'anglaise, et dont un petit garçon déguenilllé tenait la bride. C'était là le page et la haquenée de madame Bianchi dans cette occasion solennelle.

— Pardieu! murmurait Paul malgré son émotion bien naturelle en ce moment, pendant que la vieille dame se hissait péniblement sur la *Capitana*, cette enragée diablesse aurait pu choisir une monture plus poétique pour me conduire peut-être à la mort... Si j'en réchappe, je n'oserai jamais avouer que j'avais pour compagnon en allant à cette belle partie un gamin déguenillé et une vieille folle montée sur une bourrique!

— Houp! la Capitana! dit madame Bianchi joyeusement; allons, mon neveu, un retard serait une honte pour nous tous.

On se dirigea vers la gorge qui servait d'issue à la vallée, et bientôt on se trouva dans les vastes plaines où s'étendaient les maquis. Pendant le trajet, madame Bianchi entretenait Paul de l'ancienneté de la famille, de la splendeur nouvelle qu'allait lui donner sa belle conduite ; Paul songeait à Thérésa, à son vieux père et à sa belle ferme-modèle de Flandre, qu'il ne reverrait peut-être plus. Bientôt on arriva sous un taillis silencieux, fourré, presque impénétrable, dont le soleil dorait les cimes les plus élevées et dont les parties inférieures étaient enveloppées dans une obscurité profonde : c'était le maquis où devait avoir lieu le combat. Un homme qui était assis sur la lisière se leva dès qu'il aperçut les assistants, et s'approchant de Paul, il lui dit d'une voix brève et sans autre explication :

— Entrez de ce côté, signor Carlo ; Marliani va entrer par le côté opposé. Il vous est défendu de sortir l'un et l'autre de ce bois avant que votre querelle soit vidée. Adieu.

En même temps, il s'éloigna après avoir salué madame Bianchi, et il alla prévenir les autres témoins que tout était prêt.

— Je ne veux pas vous retarder, dit la vieille presque aussitôt; allez, Carlo, et soyez digne du nom que vous portez! Courage, mon garçon; Dieu veillera sur vous!

Elle embrassa son neveu, et tournant la tête de sa monture, elle reprit le chemin de Casabella sans regarder derrière elle.

Resté seul, Paul écouta un moment les *houp! houp!* qui servaient à animer la Capitana, regarda tristement le maquis sombre et silencieux où il lui semblait déjà voir briller deux yeux étincelants et le canon d'une carabine, puis soulevant son fusil, qu'il regarda d'un air piteux :

— Allons! dit-il, il n'y a pas à tortiller... il est presque sûr que je suis *flambé*... voyons pourtant!

Et il pénétra dans le fourré avec précaution.

CHAPITRE XVII.

XVII

Madame Bianchi était rentrée depuis longtemps à Casabella.

Assise dans la salle basse, en face d'une fenêtre de laquelle on pouvait apercevoir le maquis, elle penchait de temps en temps la tête comme pour saisir le bruit d'une explosion lointaine ; mais la campagne, à l'entour de l'habitation, restait plongée dans un profond silence. Thérésa, blottie dans un coin à quelque distance, laissait par moments échapper des sanglots que sa tante réprimait aussitôt par un regard sévère.

Dans son étrange exaltation, madame Bianchi n'avait jamais réfléchi à la grandeur du dévouement de ce jeune homme, qui, pour satisfaire d'absurdes préjugés, exposait bravement sa vie ; mais elle pensait en frissonnant que son champion pouvait succomber et que celui qu'elle croyait être l'unique rejeton de la famille Labeccio mourrait ainsi sans vengeance et sans postérité.

Aussi était-elle presque aussi pâle et aussi

agitée que sa nièce dans l'attente de ce qui allait se passer.

Quant à Thérésa, ce qui déchirait son âme, c'était de penser qu'elle seule, usant de l'autorité que lui donnait une affection récente mais profonde, avait jeté dans cette périlleuse querelle un homme qui devait y rester étranger; sa conscience lui faisait de poignants reproches, et déjà son imagination frappée lui représentait le pauvre Paul, renversé et sanglant, frappé à mort par la balle de son adversaire.

Les deux femmes, sans se communiquer leurs pensées, étaient donc en proie à des craintes et à des angoisses à peu près égales.

Le jour commençait à baisser et chacune d'elles n'ignorait pas que les approches de la nuit enlevaient des chances favorables à Paul

Duvert, qui pouvait s'égarer dans l'obscurité et se livrer lui-même aux coups de son ennemi.

Cependant aucun bruit ne se faisait entendre dans la direction où se trouvaient les deux adversaires; sans doute ils ne s'étaient pas encore rencontrés.

— Rien, rien encore, dit madame Bianchi après avoir écouté en retenant son haleine; mon Dieu! quelque circonstance imprévue aurait-elle empêché le duel d'avoir lieu?... Eh bien, continua-t-elle avec aigreur en se retournant vers Thérésa, croyez-vous que vos larmes et vos soupirs puissent remédier à quelque chose? Pourquoi les hommes ont-ils force, adresse et courage, si ce n'est pour les employer dans une noble cause? Croyez-vous que moi-même je ne sache pas que c'est le fils de mon frère, le seul espoir de ma famille, qui va peut-être mourir? Croyez-vous que j'oublie que le nom des Labeccio va peut-être s'éteindre avec lui? Et cependant, voyez... je suis calme, moi, je n'ai pas peur!

Un léger tremblement nerveux contredisait néanmoins cette affirmation. Thérésa répondit en sanglotant:

— Vous, ma tante, vous n'êtes occupée que de l'honneur de notre famille; mais moi qui, par mes supplications et mes promesses...

— Ne vous repentez pas de ce que vous avez fait, Thérésa, dit l'inexorable madame Bianchi d'une voix austère; la mission des femmes est d'exhorter les hommes à bien faire leur devoir. Mais, ajouta-t-elle en se détournant avec colère, vous êtes plus portée, vous, à désespérer les autres qu'à donner du courage ; avec vos soupirs et vos gémissements, vous finiriez par me rendre moi-même aussi faible et aussi timide que vous ! Où est Césario ?

— Vous savez que depuis sa querelle avec monsieur... Carlo, votre intendant n'est pas rentré.

— J'y songe, reprit madame Bianchi avec effroi; mon neveu a insulté Césario, il l'a menacé, et si Césario, tout Grec qu'il est, voulait aussi goûter de la vengeance, s'il avait tendu quelque piége...

— Le croyez-vous, ma tante? s'écria la jeune fille en tressaillant, croyez-vous que Charles, au lieu d'un ennemi à combattre, ait pu en trouver deux?

Madame Bianchi réfléchit un moment.

— Non, non, dit-elle enfin, Marliani ne l'eût pas souffert. Marliani est honnête et loyal à sa manière et on n'a rien à craindre de lui. Quant à Césario, il est trop lâche pour attaquer franchement qui que ce soit! Il cherchera peut-être à se venger par quelque moyen détourné, mais il reculerait toujours devant un meurtre... Non, non, je me suis trompée; ce n'est pas cela.

Le bruit de cette conversation, quoique faite à demi-voix, n'avait pas permis aux deux femmes d'entendre les pas lourds et cadencés de plusieurs personnes qui s'étaient approchées de la maison, et qui bientôt frappèrent rudement à la porte extérieure. Madame Bianchi et sa nièce en parurent également surprises et effrayées.

— Qui peut venir ici dans un pareil moment? demanda la vieille dame, et pourquoi Génovéva ne va-t-elle pas recevoir ces importuns?

— Ma tante, dit Thérésa en se levant, vous savez bien que Génovéva est près de ce jeune homme malade et qu'elle ne peut le quitter, car il a le délire.

— Maudit soit ce jeune homme et sa sotte maladie! Allez voir vous-même, Thérésa, et congédiez bien vite ces gens-là, quels qu'ils soient.

Thérésa voulut obéir, mais les émotions de la soirée avaient épuisé ses forces; ses jambes fléchissaient sous elle et refusaient de la porter. D'ailleurs les visiteurs s'étaient impatientés d'attendre et avaient pénétré sans façon dans la maison. La frayeur de Thérésa augmenta encore en entendant un cliquetis d'armes dans le corridor qui conduisait à la salle basse.

— Ce sont les *collets jaunes,* dit-elle hors d'elle-même.

— Les collets jaunes! que viennent-ils faire ici? Est-ce que déjà...

La porte s'ouvrit et Thérésa put s'assurer qu'elle ne s'était pas trompée. C'était, en effet, une escouade de ces voltigeurs corses qui sont les auxiliaires de la gendarmerie départementale et que les habitants désignent sous le nom de *collets jaunes,* parce que cette couleur orne les revers de leurs uniformes bruns. Cette milice particulière à la Corse a été, de tout temps, par la nature même de ses fonctions, odieuse à la population indigène; et l'on peut penser que la présence de quelques-uns de ses membres à Casabella était particulièrement désagréable en ce moment à madame Bianchi.

— Qu'y a-t-il, messieurs? demanda-t-elle avec autorité en se levant; de quel droit pénétrez-vous ainsi chez moi?

Les gendarmes s'étaient arrêtés à l'entrée de la salle, l'arme au pied, et le caporal, gros homme à figure bénévole, et qui avait dans sa brigade la réputation de beau parleur, fit le salut militaire et répondit d'un air prétentieux:

— Excusez-nous, madame, si nous vous dérangeons; mais comme nous n'avons trouvé personne pour nous recevoir, nous sommes entrés tout seuls... Vous savez, le service avant tout.

— Et votre service, monsieur le caporal, vous donne-t-il le droit de pénétrer dans ma maison sans que je vous y aie autorisé ?

— Pas positivement, madame ; mais, connaissant votre bonté, les camarades et moi nous avons pensé que vous ne nous refuseriez pas un petit verre de vin... Attendu que, pour le bien du service, nous avons fait trois lieues sans nous *repasser* aucune espèce de rafraîchissement...

En même temps le caporal se retourna vers son escouade, comme pour obtenir la sanction de ses inférieurs à cette magnifique harangue.

— Et c'est pour cela que vous nous avez fait une telle frayeur ! dit madame Bianchi avec colère; prenez-vous donc ma maison pour un cabaret?

— Non, certainement, madame, dit le voltigeur d'un air piqué; et puisque c'est ainsi, n'en parlons plus. Seulement, je vous préviens que nous ferons notre devoir dans toute sa rigueur. Allons, vous autres, dit-il à ses hommes en plaçant son arme sur l'épaule, il faut bivouaquer devant la porte, puisqu'on n'a pas ici une chaise et un verre de quelque chose à nous offrir... Mais que personne ne puisse sortir de cette maison!

— Et pourquoi donc cet ordre? demanda madame Bianchi en pâlissant.

— Ah! voilà, dit le caporal d'un air dégagé; et quand nous tiendrons votre neveu, si c'est lui que nous devons empoigner, vous pouvez être sûre que nous le traiterons sans plus d'égards que le dernier des malfaiteurs de la montagne...

— Mon neveu! que dites-vous? Caporal, restez, restez, je vous en prie.

Le caporal ne demandait pas mieux.

— Allons! dit-il en laissant retomber bruyamment la crosse de son fusil, puisque vous avez eu la bonté de nous inviter... Camarades, madame vous propose de vous rafraîchir légèrement en attendant notre homme.

— Thérésa, dit madame Bianchi avec agitation, appelle Génovéva... ou plutôt, non... donne toi-même à ces messieurs quelques cruchons, là, dans la cuisine...

— Mais, ma tante...

—Va, va, mon enfant, dit la vieille femme que la terreur rendait plus affectueuse qu'à l'ordinaire.

Thérésa fit un effort sur elle-même et sortit pour exécuter ses ordres.

— Caporal, reprit la maîtresse de la maison à voix basse en faisant signe au militaire d'approcher, ne m'avez-vous pas parlé de mon neveu, de Charles Labeccio, et ne pouvez-vous m'avouer...

— Votre neveu a des ennemis ! répondit le caporal d'un air mystérieux.

— Des ennemis ?

— Oui, sans doute, nous savons qu'il est en vendetta avec Marliani, et le gouvernement, voyez-vous, n'entend pas ça : s'il y a un homme de tué dans le maquis, nous sommes ici pour arrêter le meurtrier.

— Mais si c'est un duel... un duel loyal?

— Que voulez-vous? Aujourd'hui on est venu à l'hôtel de la gendarmerie avertir le lieutenant que deux hommes en vendetta se cherchaient dans le maquis pour se tuer, et on a nommé Marliani et M. Labeccio.

Pour lors, le lieutenant m'a dit : « Caporal Sénèque, prenez-moi dix hommes, trois se rendront chez Marliani, trois chez M. Labeccio, et quatre battront le maquis; s'il y a eu du sang versé, prenez-moi le vainqueur et amenez-le moi. »

Compris, ai-je dit; et comme je suis ferré sur la consigne, je m'en vante, j'ai suivi mot pour mot l'ordre du lieutenant. Quatre bons gaillards sont lâchés dans le fourré, trois autres sont chargés de coffrer Marliani s'il rentre chez lui après l'affaire, et moi, madame, qui sais que la maison est bonne et qui ai été éduqué à la politesse envers les dames, j'ai choisi ce poste par égard pour vous, afin d'avoir l'honneur d'arrêter honnêtement M. Labeccio, s'il y a lieu...

— Mais puisque je vous dis que ce n'est qu'un duel où les chances sont égales pour les deux adversaires.

— Il faut bien le croire puisque vous le dites, reprit le galant caporal en portant la main à son chapeau; mais que voulez-vous? Il faut bien que tout ne soit pas parfaitement en règle? Le lieutenant a donné la consigne, et le militaire ne connaît que l'ordre de ses chefs. Celui que nous amènerons contera la chose aux juges, ça ne nous regarde pas.

Pendant cette conversation Thérésa était rentrée, et elle en avait entendu assez pour savoir de quoi il s'agissait. Toute tremblante, elle désigna du doigt aux militaires la cuisine où elle avait disposé quelques rafraîchissements.

— Je vous entends, ma jolie demoiselle, dit Sénèque, avec force mines prétentieuses et ridicules ; vous voulez dire que vous vous êtes donné la peine de préparer avec vos blanches mains *quelque chose* pour les braves camarades... Eh bien, vraiment, je parie que ni eux ni moi nous n'avons jamais été servis par si jolie vivandière !

Tous les gendarmes applaudirent par un gros rire respectueux ce madrigal de caserne, et ils entrèrent dans la cuisine, où on les entendit bientôt choquer bruyamment leurs verres.

FIN DU TOME PREMIER.

PASSARD, LIBRAIRE-ÉDITEUR.

9, RUE DES GRANDS-AUGUSTINS, A PARIS.

MÉMOIRES SECRETS DE 1770 A 1830,

PAR M. LE COMTE D'ALLONVILLE,

Auteur des Mémoires tirés des papiers d'un homme d'État,

DEPUIS L'INVASION DE ROME PAR LES NAPOLITAINS,

JUSQU'AU TRAITÉ DU 10 NOVEMBRE 1815.

6 vol. in-8 de 450 à 500 pages chacun. — Prix : 36 fr.

Le tome 6ᵉ séparément. 8 fr.

Ces MÉMOIRES de (1770 A 1830), suite et complément des MÉMOIRES TIRÉS DES PAPIERS D'UN HOMME D'ÉTAT, qui s'arrêtent à 1815, dans lesquels l'auteur a montré la plus incontestable initiation aux faits de notre époque, et dont le succès européen n'a donné lieu à aucune réclamation, disent *tout ce qu'on ne sait pas, tout ce qu'on sait mal*, et *rien de ce qu'on sait*. Ils rectifient, avec l'autorité de pièces diplomatiques tirées pour la première fois des portefeuilles ministériels, ou à l'aide de témoignages irrécusables, cette foule de relations qui se sont grossies de tous les on-dit, de tous les bruits les moins fondés, de toutes les calomnies les moins probables, de toutes les erreurs les plus absurdes. En un mot les MÉMOIRES SECRETS se distinguent, par un caractère évident d'authenticité, de ces nombreux mémoires pseudonymes publiés par des gens qui n'ont jamais rien vu ni jamais rien su.

Les tomes V et VI contiennent l'histoire de L'EMPIRE et de LA RESTAURATION dont l'auteur a surpris les secrets ainsi que son retour en Russie, puis en France ; il dévoile aussi les intentions et les projets des cours du Nord, nommément de la Russie, dont le tableau qu'il trace est le fruit de vingt ans d'observations dans ses relations avec les princes de cet empire.

SOMMAIRE DES CHAPITRES
CONTENUS DANS CHAQUE VOLUME.

TOME I.

INTRODUCTION.

I. Madame Élisabeth. — Mad. de Marsan. — Le duc de la Vauguyon. — Le duc de Choiseul. — Catastrophe de 1770. — Lettre de Louis XVI. — Le comte de Tressan. — Le marquis de Menilglaise. — M. de Chevert. — Le maréchal de Vaux. — Voltaire.

III. Mon grand-père. — La belle-fille de Charles IX. — Rochefort. — Henri IV. — Le maréchal de Villars.
IV. Turgot. — Malesherbes. — Saint-Germain.
V. Le général Conway. — Lafayette. — Franklin. — Arnold.
VI. Lafayette et la guerre d'Amérique.

VII. Le comte de Maurepas.
VIII. Sartine et Choiseul. — Necker et Calonne. — Grimm et Beaumarchais.
IX. Histoire de revenant.
X. Un autre revenant.
XI. Inconséquence d'un grand prince.
XII. Madame du Barry.
XIII. Anecdotes sur les guerres d'Amérique et leurs suites. — Bouillé. — D'Oflize. — Bréhan. — Coup d'œil rapide sur les sociétés françaises.
XIV. De quelques mauvais sujets. — Du maréchal de Richelieu. — Madame de Luxembourg. — Jean-Jacques Rousseau.
XV. Affaire du collier.
XVI. La Reine. — Marie Feodorowna. — Mirabeau. — Lauzun.
XVII. Les Polignac et la duchesse de Grammont.
XVIII. Le Roi.
XIX. Assemblées des notables.
XX. Les Brienne. — D'Orléans.
XXI. Caulaincourt et Sémonville.
XXII. D'Esprémesnil.
XXIII. Les présidents Dupaty et Pont-Carré.
XXIV. Ma présentation. — M. de Cherville. — M. de Villequier.
XXV. Libelles.
XXVI. La maison d'Orléans.
XXVII. Société de Brienne.
XXVIII. Société de madame de Staël. — Montbreton. — Le général Le Moine.
XXIX. Les Noailles.
XXX. Quelques uns des ministres de Louis XVI. — De Vergennes. — Blosset. — Montmorin. — Ségur. — Castres. — Breteuil. — Saint-Priest et autres.
XXXI. D'autres hommes d'alors. — Le maréchal de Stainville. — Le marquis de Bouillé. — Le comte de Ségur.
XXXII. Condorcet. — Champfort. — La Harpe. — Saint-Lambert. — Chabannon. — Clément.
XXXIII. Des femmes du même temps.
XXXIV. Dernier coup d'œil sur la société de l'ancien régime.
XXXV. Soupers de Paris.
XXXVI. CONCLUSION.

TOME II.

I. Réflexions préliminaires.
II. Esquisse de l'ancien gouvernement français, tracée pour l'instruction de Monsieur le Dauphin, fils de Louis XVI.
III. Esprit public à cette époque. — Necker. — Les philosophes modernes. — La duchesse de Bourbon. — Sièyes.
IV. La Reine. — Duchâtelet. — Les parlements. — Le déficit. — Les états généraux. — Paris. — L'ordre moyen. — Lepelletier de Morfontaine. — Necker.
V. Ordres politiques. — Assemblées bailliagères et cahier des trois ordres. — Nomination des députés. — Leurs apparentes intentions. — Erreurs du gouvernement.
VI. Mirabeau. — La Reine. — Necker. — Les clubs. — Madame de Staël. — Coster. — La séance royale du 23 juin. — Réunion des trois ordres. — D'Esprémesnil. — Le duc d'Orléans.
VII. Renvoi de Necker. — Nouveau ministère. — 12 et 14 juillet. — Départ des princes et des Polignac. — Le roi prend la cocarde nationale.
VIII. Effets du 14 juillet. — Lepelletier de Saint-Fargeau. — Le comte de Mercy-d'Argenteau. — Lettres de la Reine. — Esprit des troupes — Régiment de Flandre. — 5 octobre. — Départ de quelques députés. — Lettre de madame du Barry.
IX. Projet de Mirabeau refusé. — État de l'Europe. — Pologne. — Favras. — Lettres de la Reine. — Chute de Necker.
X. Le marquis de Bouillé. — Accord de Mirabeau avec la cour. — Sa mort. — Madame Elisabeth. — Caractère de Mirabeau.
XI. Bouillé. — L'abbé d'Agoult. — Correspondance du Roi. — Madame de Lamballe. — Lettres de Léopold. — Lettre de la Reine. — Lettre du Roi à madame de Polignac.
XII. De l'émigration armée. — Son origine.
XIII. Voyage de Varennes. — Fersen. — D'Orléans. — Delon. — Sausse. — Barnave. — Brissac. — M. de Bonnay. — Monsieur, frère du Roi. — Comment il put s'échapper.
XIV. Bouillé. — Négociations et correspondance de la Reine. — Burke.
XV. La faction Lameth. — Opinion de Léopold. — Conférences de Pilnitz. — Revue de l'Europe. — Lettres de Leurs Altesses Royales. — Lettre de la Reine. — Lettre du Roi à ses frères. — Lettre du Roi au baron de Breteuil. — Nouvelle circulaire de Léopold.
XVI. Coblentz. — L'abbé Louis. — D'Antraigues. — Suleau — Sainte-Croix. — Vioménil. — Coigny — Lettre de Charles Lameth à sa mère.
XVII. Faction Lameth. — Suite de correspondance. — Divers projets de fuite. — Guerre. — Missions de Talleyrand et de Mallet du Pan.
XVIII. Paris durant les premiers mois de 1792. — Journée du 20 juin.
XIX. Comité autrichien. — Terrier-Monciel. — Spa. — Madame de Ritz. — Lafayette. — 10 août. — Quelques mots sur cette journée.
XX. Prisons d'État. — Louis XVI. — Malesherbes. — Breteuil. — Raynal.
XXI. Les hommes de la Révolution.
XXII. Invasion de 1792.
XXIII. Mesdames de Tourzelles et de Lamballe.
XXIV. Du 10 août à la fin de l'assemblée législative.
XXV. Résumé.

TOME III.

I. Révolution. — Raynal. — Saint-Domingue.
II. Quelques hommes de la Révolution.
III. Mathieu — Manuel. — D'Orléans.
IV. Fin de l'invasion.
V. Cause réelle de la retraite des Prussiens. — Suite de la campagne de 1792. — Réflexions de Burke et de Pitt.
VI. Mon retour après la campagne de 1792.
VII. Procès du Roi.
VIII. Mort de Le Pelletier Saint-Fargeau. — Vains projets pour sauver le Roi.
IX. Derniers moments de Louis XVI.
X. Le baron de Balz. — Suite et effet du 21 janvier. — Vote du duc d'Orléans.

XI. Causes de la révolution.
XII. Règne des Girondins.
XIII. Régime révolutionnaire.
XIV. Organisation révolutionnaire.
XV. Vie privée et sociale pendant la Révolution.
XVI. Procès de Marie-Antoinette.
XVII. Réflexions sur les derniers moments de la Reine.
XVIII. D'autres procès (Custine, d'Orléans, les Girondins, madame Élisabeth).
XIX. Des armées françaises à la même époque. — Pichegru. — Menin. — La Pénissière. — Moreau. — Le duc d'York.
XX. Nouveau voyage à l'étranger.
XXI. Révolution du 9 thermidor. — **Tallien**.
XXII. Le pays de Vaud.
XXIII. Suite de mon voyage (Allemagne et Hollande). — Le général Harcourt.
XXIV. Ma rentrée en France (prédiction).
XXV. Aspect de Paris.
XXVI. Politique extérieure et intérieure.
XXVII. Du royalisme dans la province de Bretagne. — Puisaye.
XXVIII. Affaire de Quiberon.
XXIX. Le coup d'État du 13 vendémiaire.

TOME IV.

I. Convention nationale.
II. Quelques conventionnels et les nommés Jourdan. — Madame Royale.
III. Le gouvernement pentarchique.
IV. Les premiers directeurs et leurs agents.
V. Du Directoire.
VI. Paris. — Les bals. — Le bal dit des *Victimes*.
VII. Pichegru, le prince de Condé et Louis XVIII.
VIII. Embarras, dangers, crainte et projets du Directoire.
IX. Coup d'État du 18 fructidor.
X. Suites du 18 fructidor.
XI. Talleyrand. — Les Jacobins. — Les Clichiens et Barras.
XII. Rochecotte. — Sidney-Smith et Bojard.
XIII. Le Directoire. — Madame de Staël. — Le prince Corsini. — Le commandeur de Ruffo.
XIV. Mort de Catherine II. — Paul Ier. — Rasoumofski. — Kosciusko. — Narichkine.
XV. Agences royalistes.
XVI. Rochecotte. — Fauche-Borel. — Barras. — Moreau. — Madame de Staël.
XVII. Bonaparte.
XVIII. Mon départ pour l'Italie. — Ginguené. — Bruno. — Les médecins.
XIX. Anecdotes diverses. — Mon arrivée à Rome. — Pie VI. — Duport. — Revelaga. — Garat. — Nelson. — Bonaparte. — La reine de Naples.
XX. Naples. — Championnet. — Sa révolte et sa chute. — Macdonald.
XXI. Rome. — Le cardinal Ruffo et Nelson. — Les artistes. — Bonaparte. — D'Argencourt. — Piranesi. — Capitulation Bartram. — Soldats français. — Corsini.
XXII. Départ. — Les ambassadeurs et les généraux en chef. — Sardaigne. — Son gouvernement. — Son vice-roi. — Bonaparte.
XXIII. Le vicomte de Noé. — Lettre de madame de Roubaix à Bonaparte.
XXIV. Mon retour. — Le 18 brumaire et ses suites. — Lettre sur madame de Bourbon.
XXV. Paris sous le consulat. — Bonaparte. — La Fayette. — Garat. — Moreau. — Encore Garat.
XXVI. Lettre de Bonaparte au roi d'Angleterre. — De Louis XVIII à Bonaparte. — De Bonaparte à Louis XVIII. — Négociation du comte Markoff. — Lettre de Louis XVIII au duc de Serra-Capriola. — Du prince de Condé au comte d'Artois. — Essais de Bonaparte.
XXVII. Négociation pour l'abdication de Louis XVIII. — Instruction donnée par le roi de Prusse. — Lettre de Louis XVIII à ce monarque. — Félicitations de l'agence royaliste. — Projet d'empoisonnement.
XXVIII. Pichegru. — Le prince de Condé. — Le duc d'Enghien. — Mort de ce prince. — Note diplomatique de Talleyrand. — Lettre de l'empereur Alexandre. — Dénégation des auteurs du meurtre.
Conclusion.

TOME V.

I. Napoléon. — Saint-Domingue. — Lucien Bonaparte.
II. Moreau. — Cadoudal. — Pichegru. — Les Polignac. — Le marquis de Rivière. — Le faubourg Saint-Germain.
III. Bonaparte. — Arrestation des Anglais. — Projet de descente. — Fabrication de faux billets de banque de Londres, Vienne et Saint-Pétersbourg.
IV. Napoléon. — Curée. — Nisas. — Boisgelin. — Markoff. — Mon départ pour la Russie. — Pétersbourg. — Paul Ier. — Beningsen. — Rostopschine.
V. Manuscrit de famille.
VI. Représentations de la Diète de Courlande.
VII. De quelques émigrés.
VIII. De quelques Russes.
IX. Des femmes du Nord et des deux impératrices.
X. Itinéraire du Roi (Louis XVIII). — Ses agents. — Dupuytren. — Mes honorables amis.
XI. Écrits russes sur la bataille d'Austerlitz.
XII. Rapport du prince Czartorinski sur l'envoi à Paris d'un négociateur (Doubril). — Pamphlet semi-officiel.
XIII. Opinion de Dumouriez sur Bonaparte.
XIV. Sac de Lubeck.
XV. Conférence d'Erfurth. — Traité secret. — Biographie du baron Vincent.
XVI. Lettre de l'empereur Alexandre à Napoléon — Ukase de 1810. — Friponnerie de Bourienne.
XVII. Mémoire sur la France par un agent russe.
XVIII. Mémoire sur l'armée française.
XIX. Du plan de campagne des Russes.
XX. Suite de la paix de Tilsitt.
XXI. Incendie de Moskou.
XXII. Moreau et Jomini.
XXIII. Honorable conduite de Sébastiani à Constantinople, en 1807.
XXIV. Griefs de la Prusse.
XXV. De la première Restauration.
XXVI. Lettre de la reine de Naples à lord **Bentinck**.
XXVII. Des Cent jours.

XXVIII. De l'Angleterre.
XXIX. Lettre de M. Fiévée, préfet de la Nièvre.
— Exposé du maréchal duc de Raguse.
XXX. De la France en 1815.
XXXI. Aspect de Paris.
XXXII. Muséum.
XXXIII. Traité du 20 novembre 1815.

XXXIV. Ce que j'ai vu en 1815.
XXXV. Assemblée de 1815.
XXXVI. Intérêts anciens et nouveaux.
XXXVII. Des indépendants.
XXXVIII. Voyage en Bretagne.
XXXIX. Procès du général Travot.

TOME VI.

INTRODUCTION, dont l'objet est de réclamer contre les assertions que l'éditeur m'a prêtées dans le 5ᵉ volume, acte d'honneur et de devoir.

PREMIÈRE PARTIE. — LACUNES.

I. Magnétisme. — Puységur. — Napoléon. — Le comte d'Avaux.
II. Esprit de garnison. — Mon oncle.
III. Messey. — Beauvau. — De Guines.
IV. Louis XVI. — Gibraltar. — La Reine.
V. Le maréchal de Mouchy. — Marie Leczinska. — Le président Hénault.
VI. La France avant la révolution. — Opinion de Hume.
VII. Lacune de l'esquisse de l'ancien gouvernement. — Le Parlement suivant Dupin.
VIII. Lettre de madame Roland et ses mémoires.
IX. D'Holbach. — Bailly. — Necker. — De Ménières. — Mounier. — Barrère.
X. De l'émigration. — Son véritable esprit.
XI. Les rois de Prusse, Frédéric-Guillaume II et Frédéric-Guillaume III. — Georges IV.
XII. Déclaration de Dumouriez. — Lettre du duc de Chartres. — Dampierre.
XIII. Combat du *Vengeur*, ou l'histoire opposée au roman, d'après un rapport officiel.
XIV. La Convention peinte par elle-même.
XV. La princesse Lubomirska.
XVI. Un arrêté du comité dirigeant de la Convention. — Madame Tallien. — Origine des Chouans. — Le comte d'Artois. — Georges Cadoudal.
XVII. Madame de Genlis. — Fragment de lettre au duc d'Orléans.
XVIII. Les émigrés dans l'évêché de Munster. —

Serment de ceux employés dans les corps anglais.
XIX. Mont-Cenis. — Turin. — Ruffo. — Macdonald. — Sigisbéisme.
XX. Fragment de mon voyage d'Italie. — Rome. — Saint-Pierre. — Le Consulat. — Le gouvernement pontifical. — Les Romains modernes. — Anecdote.
XXI. Borodino ou la Moskowa. — Alexandre. — Nicolas. — Murat. — Bagration. — La Russie. — Bodisco.
XXII. La Pologne. — Kosciusko.
XXIII. Restauration. — Lettre du duc d'Orléans. — Déclaration de Saint-Ouen. — Discours de Talleyrand.
XXIV. De la Charte.
XXV. De la première Restauration. — L'empereur d'Autriche. — Gênes. — Le Pape.
XXVI. Seconde Restauration. — Richelieu. — Bergasse. — De Serre.
XXVII. Benjamin-Constant. — De Sèze. — Révélation sur le vol du Muséum.
XXVIII. Louis XVIII. — Soult. — Victor. — École Polytechnique. — Pairs pensionnés. — Madame de Staël. — Origine du barbarisme. — Idées libérales.
XXIX. Causes de la Restauration. — Salvandy. — L'empereur Alexandre.
XXX. Quelques anecdotes historiques. — Mémoires de Rostopschine.

DEUXIÈME PARTIE.

MON RETOUR EN RUSSIE, PUIS EN FRANCE.

XXXI. Mon retour en Russie. — Pressentiments des dangers de la France.
XXXII. Approvisionnements de la France lors de la famine de 1816. — Richelieu.
XXXIII. Conspiration des libéraux. — Leurs menées à l'extérieur.
XXXIV. Affaires d'Espagne.
XXXV. Affaires des liquidations.
XXXVI. De madame de Krüdner.
XXXVII. Projet d'invasion de l'Inde par la Russie.
XXXVIII. Napoléon. — Encore Napoléon. — Napoléon peint par Bergasse.
XXXIX. Congrès de Vérone. — Ypsilanti. — Ferdinand VII. — Hardenberg.
XL. Supplément au chapitre sur le congrès de Vérone. — Bergasse. — Metternich. — Pozzodi-Borgo. — Zea.
XLI. Alexandre Pavlowitch. — Essai de révolte. — Principaux conjurés.

XLII. Ukases de l'empereur Nicolas, relatives aux paysans russes.
XLIII. Indemnité aux familles des émigrés et des condamnés politiques.
XLIV. Mon retour en France en 1828. — Voyage à Baden. — Ministère Polignac.
XLV. Politique de Charles X.
XLVI. Révolution de 1830. — Ses effets. — Le Roi. — Chabrol. — Madame la Dauphine. — Folk et non pas Fox. — Montesquiou. — Salvandy.
XLVII. Bienfaits de la Restauration.
XLVIII. Ce que la révolution de 1830 pouvait être et ce qu'elle a été.
XLIX. Départ du Roi. — Reproches faits à madame la duchesse de Berry. — Lettre de cette princesse. — Note d'un voyageur à Gratz.
L. Qui a plus gagné ou plus perdu à la révolution de 1830.
LI. Qu'est-ce que la révolution française.
LII. Question à résoudre.

Corbeil, imp. de CRÉTÉ.

A LA MÊME LIBRAIRIE.

UN MILLION

DE PLAISANTERIES

Calembours, Naïvetés, Jeux de mots, Facéties, Réparties, Saillies,
Anecdotes comiques et amusantes, inédites ou peu connues

RECUEILLIES

PAR HILAIRE LE GAI.

> Lecteur, si vous trouvez ici
> Du bon, du mauvais, du passable,
> Vous êtes un juge équitable,
> Et l'auteur vous dit : « Grand merci, »
> Mais si quelqu'un s'écrie: « Ah! fi!
> Tout ce recueil est détestable, »
> L'auteur dit qu'il en a menti.
> (*Merc. de France*, 1755).

Un charmant volume in-32 cavalier de 580 pages. Prix : 2 fr.

SOUS PRESSE.

LE

RESCIF DE MARK

ROMAN MARITIME

PAR

J. FENIMORE COOPER,

SUITE

DE LA TRADUCTION DE DEFAUCONPRET,

2 vol. in-8. — Prix : 15 fr.

CRÉTÉ, imprimeur à CORBEIL.

www.ingramcontent.com/pod-product-compliance
Lightning Source LLC
Chambersburg PA
CBHW060357170426
43199CB00013B/1902